La Guzla; ou, Choix de poésies illyriques; recueillies dans la Dalmatie, la Bosnie, la Croatie et l'Herzegowine

Prosper Mérimée

BIBLIOTHECA ROMANICA

DIRECTION | F. ED. SCHNEEGANS, Strasbourg
| PAUL HEITZ, Strasbourg

Prix: 3 fr. — par numéro. Relié 2 à 3 frs.

No.   Bibliothèque française.

HYACINTHE MAGLANOVICH.

BIBLIOTHECA ROMANICA

312/314.

BIBLIOTHÈQUE FRANÇAISE

ŒUVRES DE PROSPER MÉRIMÉE

LA GUZLA;
OU CHOIX DE POÉSIES ILLYRIQUES

RECUEILLIES DANS LA DALMATIE, LA
BOSNIE, LA CROATIE ET L'HERZEGOWINE

STRASBOURG

J. H. Ed. Heitz, Imprimeur-Éditeur

Paris:	A. Perche 45, rue Jacob
Bologna:	Società Generale delle Messaggerie Italiane
Lugano:	Sperling & Kupfer
New-York	G. E. Stechert & Co Lemcke & Buechner
Stockholm:	Sandbergs Bokhandel

PROSPER MÉRIMÉE

LA GUZLA

OU

CHOIX DE POÉSIES ILLYRIQUES

RECUEILLIES

DANS LA DALMATIE, LA BOSNIE,
LA CROATIE ET L'HERZEGOWINE

Imprimerie J. H. Ed. HEITZ, Strasbourg

NOTICE

Prosper Mérimée a débuté dans la littérature par deux supercheries : « Le théâtre de Clara Gazul, comédienne espagnole » (1825) et « La Guzla ou Choix de poésies illyriques » 1827. A un âge et à une époque où d'autres jeunes gens autour de lui recherchaient les succès bruyants et la gloire, Mérimée faisait passer les audaces shakespeariennes de ses petits drames si curieux sous le couvert du nom d'une comédienne espagnole, dont il inventait la biographie, signée du nom de Joseph l'Estrange, et deux ans plus tard, alors que V. Hugo venait de faire paraître ses ballades et préparait ses Orientales, il s'ingéniait à reconstruire les fragments du répertoire d'un barde illyrien de sa création. Ces deux œuvres si intéressantes nous révèlent certains traits de la nature de Mérimée que nous retrouvons, en partie, chez Nodier, chez Stendhal, chez Flaubert, chez Baudelaire, le goût romantique des aventures bizarres, violentes, des mœurs sauvages, primitives et pittoresques, et d'autre part la réserve de l'homme du monde qui, craignant d'être confondu avec les littérateurs de métier, se cache volontiers derrière son œuvre ; le besoin de s'affirmer à lui-même sa supériorité en mystifiant le lec-

6

*teur candide, le don d'évocation de l'érudit,
de l'archéologue qui se plaît à reconstruire à
l'aide de quelques éléments tout un ensemble
de poèmes populaires, de drames, de scènes
de mœurs exotiques.*

*Nous connaissons aujourd'hui, surtout
grâce aux savants travaux de MM. V. M.
Yovanovitch et P. Trahard* (1), *les sources
directes auxquelles a puisé Mérimée et les
influences plus lointaines qui ont dirigé son
attention vers la poésie populaire. Depuis le*
XVIIIe *siècle, en Angleterre surtout, des esprits
curieux, désireux de trouver des sources nouvelles d'inspiration, s'éprenaient de la poésie
populaire. De 1760 à 1765 paraissent le* « Fragment of ancient poetry, collected in the
highlands » (1760), Fingal (1762), Temora
(1763) *et les* Poésies d'Ossian (1765) *publiés
par James Macpherson : en 1765 Thomas Percy
fait paraître les* Reliques of ancient poetry,
consisting of old heroic ballads, songs and
other pieces of our earlier poets, W. Scott *en*
1802 *ses ballades écossaises ;* Herder initie
Goethe aux beautés des littératures primitives et publie en 1773 l'étude sur Ossian et
les chants des peuples anciens *et les* « Volkslieder » de 1779 *devenus les* Voix des peuples
dans leurs chants. Chateaubriand admire le
«barde écossais». (2) *Mme de Stael voit dans la*

_____

(1) V. M. Yovanovitch, La Guzla de Mérimée,
étude d'histoire romantique 1911 in-8° et Pierre
Trahard, La Jeunesse de P. Mérimée, Paris, Ed.
Champion 1925 I, pp. 260-295

(2) Chateaubriand, *Essai sur les Révolutions*,
2e partie Ch. 37, note 2 et note de l'éd. de 1826.

« *poésie naturelle, celle qui précède les lumières* », *une source de renouvellement pour la* « *littérature cultivée* » *qui devient si promptement* «*factice*» (3). *Mérimée est entraîné par le courant ; il approfondit en 1820,* « *la langue d'Ossian* » *avec son ami J.-J. Ampère, qui songe au bonheur de donner de ces poèmes* « *une traduction exacte avec les inversions et les images naïvement rendues (4)* ».

Au XVIII*ᵉ siècle déjà la renommée des chansons serbes s'était répandue en Angleterre et en Allemagne. Klopstock souhaitait que l'on recueillit ces poèmes, Herder, W. Scott en ont traduit. Lorsque les provinces illyriennes furent cédées par l'Autriche à la France (1805), le pays légendaire des Morlaques s'ouvrit à la curiosité de quelques Français. Charles Nodier séjourna à Laibach de décembre 1812 au 26 août 1813 comme bibliothécaire de la ville de Laibach et rédacteur de la partie française* du Télégraphe officiel des provinces illyriennes *et passa un mois à Trieste. En 1818 il publia Jean Sbogar, histoire d'un brigand révolté contre l'autorité napoléonienne, héros romantique* « *né sous une étoile fatale* », *aussi irréel que les personnages des ballades de la Guzla, bien que Nodier ait déclaré avoir utilisé des documents authentiques. En 1821 Nodier prétendait tra-*

---

(3) Mme de Stael, *De l'Allemagne* II, Ch. 30 (Herder).

(4) A. M. Ampère et J. J. Ampère, *Correspondance et Souvenirs*. Paris 1875 (lettre de janvier 1820 à Jules Bastide citée par Yovanovitch p. 133) et Trahard ouvr. cité I. p. 61.

duire dans Smarra ou les démons de la nuit, songes romantiques *un ouvrage moderne d'un noble Ragusain de son invention, que lui aurait signalé un chevalier Fédorovich-Albinoni tout aussi inexistant, et ajoutait à cette création bizarre un poème « de tradition morlaque, »* le Bey Spalatin *« une de ces romances nationales qui ne se sont conservées que par la mémoire des hommes, »* aussi peu authentique que les poèmes de la Guzla, enfin la traduction de la fameuse ballade « la femme d'Asan » et d'un poème du poète ragusain Ignace Gorgjić. *D'importantes publications allaient révéler au public les trésors authentiques de la poésie populaire des Grecs et des Serbes. En 1814 Vouk Stephanovitch-Karadjitch publia son* Recueil de chants populaires slavo-serbes *(nouv. édition 1823-33) et en 1824-1825 Alex. Guiraud des* Chants Hellènes, *N. Lemercier des* Chants héroiques des montagnards et matelots grecs, *C. Fauriel son recueil fameux de* Chants populaires de la Grèce moderne, *2 vol. (Paris Firmin-Didot), précédé d'une importante introduction sur la littérature grecque et la poésie populaire en général. Déjà auparavant Goethe (1775), W. Scott et Ch. Nodier avaient traduit l'une des perles de la poésie serbe* la triste ballade de la noble épouse d'Asan-Aga, *traduite en français par Panckoucke et dont Mérimée publia dans la* Guzla *une version nouvelle (5). Mérimée a connu Fauriel qui lui recommanda d'ap-*

_____

(5) Voy. Yovanovitch p. 78-90. Trahard ouvr. cité I, p. 268.

prendre le serbe et de traduire des poésies serbes et des romances espagnoles (6). En inventant les poèmes illyriques de la Guzla, Mérimée s'inspirait d'exemples illustres et répondait au goût d'une partie du public français que passionnaient la « hardiesse sauvage de conception », le « brusque élan d'imagination » et « l'énergique simplicité de style » qui caractérisent la plupart des chansons klephtiques et aussi celles des Serbes, de ces improvisateurs dalmates, dont Mme de Stael comparait la poésie à celle d'Ossian, des « bardes écossais », qui s'abandonnent « à l'effroi du mystère, à la mélancolie qu'inspirent l'incertain et l'inconnu » (7). Des amis russes aident Mérimée, par des lectures, par la conversation à s'initier à l'âme et à la poésie slaves, que lui ouvre aussi la lecture des chroniques étrangères publiées régulièrement dans le Globe (8).

Mérimée n'a pas traduit ni même imité librement des ballades serbes. Il a fait œuvre de créateur en composant, à l'aide de traits de mœurs populaires, de noms historiques et géographiques, des ballades originales, touchantes, tragiques ou sauvages, des chansons, une berceuse, un chant dialogué, variant ingénieusement la forme et reproduisant avec un naturel parfait, sans fausse naïveté, sans les taches qui dénoncent les pastiches moyenâgeux de l'époque romantique, le ton, la cou-

---

(6) Voy. Sainte-Beuve, Portr. Cont. IV, 232. Nouv. Lundis XIII, 200.
(7) Corinne ou l'Italie, l. XV, Ch. IX.
(8) Voy. Trahard I, p. 270.

leur des ballades populaires. Parmi les livres,
qui ont pu mettre en branle l'imagination de
Mérimée, M. Trahard cite les Memorie inutili
de Carlo Gozzi (Venezia 1797), le Voyage dans
la Grèce de Pouqueville, pleins de détails
pittoresques sur l'Albanie, sur les Morlaques.
Il signale les emprunts que Mérimée a faits
aux Chants héroïques des montagnards et
matelots grecs de Népomucène Lemercier et
ajoute des sources nouvelles à celle que donne
l'ouvrage de M. Yovanovitch (voir T. II,
p. 378-81. Appendice 11). Le Voyage de
Dalmatie de l'abbé de Fortis fournit au poète
des traits de mœurs slaves, quelques mots, quelques formules et proverbes « illyriques » dont
il émaille ses poèmes ou les commentaires qui
les accompagnent. L'Aubépine de Véliko est
un exemple typique du travail de mosaïste
auquel s'est livré Mérimée : le sujet est emprunté à la traduction du drame chinois dont
Voltaire a tiré l'Orphelin de la Chine, les détails se retrouvent chez de Fortis, le nom de
Véliko, synonyme de grand, provient de noms
géographiques dalmates, Fédor, le nom d'un
des personnages de la ballade, est un nom
russe. Du fait historique de l'existence de Thomas II, roi de Bosnie, du parricide qu'il a
commis et de sa mort tragique, Mérimée a tiré
les éléments d'un cycle de ballades ; la ballade grecque Vevros et son cheval publiée par
Fauriel (I. p. 35) lui fournit l'idée du cheval
ferré d'argent qui parle à son maître dans la
belle romance le Cheval de Thomas II. La do-
cumentation de Mérimée, on le voit, est assez
riche et très variée ; il y ajoute des traits,

*empruntés aux superstitions populaires, au
folklore, n'ayant souvent rien de spéciale-
ment serbe, le mauvais œil et les Vampires,
nains et géants, cavaliers fantômes et sorti-
lèges, collier magique dont le fil casse si
l'épouse qui l'a reçu est infidèle (9) poison
subtil tiré du corps d'un crapaud (10), flamme
voltigeant autour des tombeaux et annonçant
la présence d'un mort (11) ; il imite avec bonheur la simplicité et la « concision énergique ». les expressions figurées, la rhétorique
particulière à la poésie populaire, questions et
apostrophes pressantes provoquées par le mystère qui entoure les situations et les personnages, répétitions de mots, épithètes, refrains,
gestes et attitudes symboliques. Les poésies de
la Guzla sont comparables aux ballades cé-
lèbres de Burger, de Goethe (12), aux Orientales
de V. Hugo, et d'autre part, aux scènes turques
ou grecques d'Eugène Delacroix ou de De-
camps.*

*Mérimée a donné à la Guzla tous les carac-
tères d'authenticité. Il a inventé de toutes pièces
la biographie si précise, si solidement établie
du guzlar Hyacinthe Maglanovich. Quels traits*

(9) *Le Seigneur Mercure.*
(10) *La Belle Hélène.*
(11) *La Flamme de Perrussich.*
(12) *La belle Sophie* imite certains tours de
phrase de la *Lenore* de Burger. *Le Morlaque de
Venise,* l'*Impromptu* semblent à Yovanovitch tirés
de Théocrite (Idylle XIV et la Galathée). Mérimée
indique comme une des sources de la ballade
Hadagny, les *Lettres sur la Grèce, Notes et chants
populaires, extraits du portefeuille du colonel
Voutier. Paris 1826. Au profit des Grecs.*

12

*de vérité il a su donner à la figure truculente
du vieux barde, dont il fait un portrait si
vivant, à sa rencontre avec son biographe et
traducteur, italien d'origine, mais « considé-
rant la France comme sa patrie » ! On croit
voir le vieux guzlar qui « ne se sentait inspiré
que lorsqu'il était à peu près ivre », succom-
bant à des libations trop généreuses et s'en-
dormant au coin du foyer de son hôte ou dis-
paraissant précipitamment, en emportant une
paire de pistolets anglais, mais laissant une
bourse et une montre d'or. Les notes expliquent
avec une gravité tout à fait plaisante les diffi-
cultés du texte, indiquent consciencieusement
les sources, signalent des lacunes, un anachro-
nisme, de l'« afféterie » dans une ballade qui
donne « une idée du goût moderne » ; elles
font allusion à des souvenirs, à des observa-
tions personnelles de l'éditeur, précisent les
circonstances dans lesquelles fut improvisé un
Chant de mort,* présentent la Mort de Thomas II
*comme un morceau fort ancien, dont l'éditeur
n'a pu obtenir qu'un fragment, renvoient d'une
ballade à une autre* (Vision de Thomas II); *une
note des* Probatimi *fait allusion au théâtre de
Clara Gazul (13) ; des hypothèses sont émises
au sujet de la date de la composition d'une
ballade, des variantes sont indiquées* (La Belle
Hélène). *Une note importante d'une allure toute
scientifique, jointe à la* Querelle de Lepa *et de*

---

(13) « Je suppose que cette chanson, dont on a
donné un extrait dans une revue anglaise, a fourni
à l'auteur du théâtre de Clara Gazul l'idée de
l'Amour africain. » (Cette note disparaît après la
1ʳᵉ édition de la Guzla.)

*Tchernyegor, constate un changement de « me-
sure » d'une strophe de l'original à l'autre,
précisant la place que le poème a dû occuper
dans un ensemble plus complet. Un portrait
en lithographie (signé A. Br.) du guzlar est
placé en tête du recueil, de même que dans
quelques exemplaires du* Théâtre de Clara
Gazul, *Mérimée avait audacieusement fait re-
présenter son propre portrait sous la mantille
de la prétendue comédienne espagnole. Le
barde est figuré, à quelques détails près et sans
la pipe, comme Ch. Nodier dépeint un
« chantre Morlaque» (14) « avec son turban cy-
lindrique, sa ceinture de soie tissue à mailles,
son poignard enfermé dans une gaîne de laiton
garnie de verroterie, sa longue pipe à tube de
cerisier ou de jasmin, et son brodequin tricoté,
chantant le pismé ou la chanson héroïque en
s'accompagnant de la guzla, qui est une lyre à
une seule corde composée de crins de chevaux, entortillés. (*Mélanges de littérature et de
critique *1820.) Mérimée a introduit dans son
recueil deux dissertations sur le Mauvais œil
et sur le Vampirisme, l'une tirée des* Dissertations de Dom Calmet sur les Apparitions des
esprits et sur les vampires... (*Paris 1746), l'autre
de J.-Bapt. Porta,* Magiac naturalis sive de mira-
culis rerum naturalium lib. xx (*Naples 1589),
ajoutant des récits d'aventures personnelles du
traducteur. Ces différents éléments donnent au
recueil un caractère scientifique qui le rappro-
chait du* Choix de poésies grecques *que Fauriel venait de publier.*

(14) La Morlaquie est un petit pays compre-
nant la population serbe du Sud-Ouest de l'Istrie,
du Nord-Est de la Dalmatie et du Quarnero.

Mérimée a composé les ballades de la Guzla
« à la campagne » en automne 1825 ou 1826.
Au printemps 1827 le recueil fut imprimé
« mystérieusement » et parut fin juillet à
Strasbourg chez F.G. Levrault, auquel Mérimée
fit remettre son manuscrit « sans rien recevoir
ni sans rien payer ». Il n'a donc pas vendu son
manuscrit pour payer les frais d'un voyage en
Italie et en Dalmatie, comme il le prétend dans
l'édition de 1842, dans l'édition Charpentier
in-18 et dans une lettre du 18 janvier 1835,
adressée à Sobolevsky. En quête de « couleur
locale », qui faisait alors fureur parmi les romantiques d'avant garde, il aurait projeté de
faire avec des amis — en 1840 il nomme J. J.
Ampère comme compagnon de route — un
voyage en Illyrie. Mais l'argent faisant défaut,
« l'idée nous vint, dit Mérimée (1840), d'écrire
d'avance notre voyage, de le vendre avantageusement, et d'employer nos bénéfices à reconnaître
si nous nous étions trompés dans nos descriptions. » Mérimée aurait été chargé « de recueillir les poésies originales des Illyriens » et
à l'aide de l'ouvrage de l'abbé de Fortis et
« d'une assez bonne statistique des anciennes
provinces illyriennes » il aurait écrit en quinze
jours les ballades de la Guzla. D'après une
autre version il aurait choisi de « colliger »
et de traduire les poésies illyriennes et mis
« au défi », aurait apporté le lendemain à son
ami « cinq ou six de ces traductions ». Ce
récit qui se heurte à une difficulté matérielle
— Ampère était en Allemagne en 1827 — est
évidemment une invention de Mérimée, des-
tinée à expliquer après coup la publication de
la Guzla.

L'œuvre eut tout le succès que Mérimée pou-
vait en espérer : le public et la critique, le
Journal des Savants crurent à l'authenticité de
l'œuvre : Pouchkine traduisit plusieurs bal-
lades (1832-33) (15); Codzko traduisit trois bal-
lades en polonais et Mickiewicz fit paraître
en 1828 une traduction polonaise du Morlaque
à Venise. Thomas Keightley n'hésita pas à sa-
luer dans le Foreign Quarterly Review *de*
juin 1828 la ballade Les Braves Heyduques
« comme l'un des plus grands efforts du plus
grand poète que le monde ait jamais connus » !
Les ballades furent traduites en allemand par
Gerhard, Gedichte 3. et 4. volume de Wila, Serbische Volkslieder und Heldenmärchen *Leipzig*
1828. L. von Ranke se sert comme d'une source
authentique de la ballade les Probatimi *dans*
son ouvrage Die serbische Revolution, aus
serbischen Papieren und Mittheilungen *Ham-*
bourg 1829. Goethe dévoila la supercherie dans
Kunst und Altertum *VI, 6, 6 mars 1828. Il «s'est*
donné les gants de la découverte afin de pa-
raître plus malin », dira Mérimée, qui avait
adressé « à Son Excellence M. le comte de
Goethe » un exemplaire avec « hommage de
l'auteur du Théâtre de Clara Gazul. Paris
août 27 1827 » (16). Goethe dit « que l'on trouve
ce livre amusant et admirable » aussi long-
temps qu'on y voit la traduction d'une œuvre
étrangère, et qu'il dévoile après coup le « ta-
lent souple » d'un auteur « qui a pris plaisir

---

(15) Les traductions parurent en 1835 dans Biblio-
téka dlia Tchténia VIII, I, p. 158, IX,I, pp. 5-26.
(16) Voy. Lettre de Mérimée à Alb. Stapfer,
1er décembre 1828.

16

*à plaisanter gravement ». Il établit nettement
la différence entre les ballades serbes authentiques « rudes, souvent cruelles, qui décrivent
de façon violente des scènes horribles » et les
poèmes de Mérimée qui « en vrai poète romantique » fait appel « aux éléments les plus fan-
tastiques », à des développements et à des descriptions, maniant du reste ces éléments avec
aisance. Dans les Conversations avec Ecker-
mann Goethe revient sur ce sujet et constate
que Mérimée qui est « vraiment un fameux gail-
lard » (ein ganzer Kerl) a traité les sujets horribles et ultra-romantiques, en les laissant « en
dehors de lui », sans y mêler son âme « et
pour ainsi dire avec ironie », ce qui dénote
de « plus de force et de génie qu'on ne le
croit » (17). Le critique de la Gazette de France
(19 sept. 1827) dénonçait les éditeurs de la
Guzla comme des « ennemis de la civilisa-
tion », si leur intention est, en initiant le public
aux mœurs étrangères, d' « insulter aux grands
modèles et de mettre en problème les règles
éternelles. » Le Globe (29 sept. 1827) était
dupe de Mérimée et déclarait : « la guzla
sera bientôt aussi célèbre que la harpe
d'Ossian ». Mais le succès de librairie fut
presque nul et Mérimée prétend « qu'il ne
s'en vendit guère qu'une douzaine d'exemplaires ». (Préface de 1840.) (18)
En 1842 paraissait une seconde édition enri-
chie de cinq ballades : le fusil enchanté, le ban*

_____

(17) *Conversations* dimanche 14 mars 1830 (trad.
Delerot II, p. 194 s.)

(18) Voir au sujet des critiques et des traductions
de la *Guzla* l'étude très complète de M. Yovanovitch
et que nous avons largement utilisée.

de Croatie, l'Heiduque mourant (19), la jeune fille en enfer (*en note à la suite de l'Heiduque mourant*) *et* Milosch Kobilitch.

Dans la préface de l'édition de 1842 Méri-mée parle avec dédain de la couleur locale : « *Le procédé était si simple, si facile, que j'en vins à douter du mérite de la* couleur locale elle-même » *et en 1831 il écrit à Fournier qui lui proposait une réédition de ses ballades que la Guzla* « *était une drogue et une vieillerie, il serait un peu ignoble de faire de cela un volume in-8* » (20). *Mais vers 1832 il parle à l'Inconnue* « *d'une suite manuscrite de la Guzla* » (21) ; *ce manuscrit s'est perdu ou a disparu dans l'incendie de la bibliothèque de Méri-mée en 1871. Une troisième édition paraît en 1847, une quatrième en 1853,; elle est reproduite en 1856 et dans les éditions suivantes. Nous réimprimons le texte de l'édition de 1847 :* Chronique du règne de Charles IX *suivie de* La Double méprise *et de* La Guzla *par* Prosper Mérimée. *Nouvelle édition revue et corrigée Paris Charpentier, avec les variantes de la première édition :* La Guzla ou Choix de Poésies illyriques *recueillies dans la Dalmatie, la Bosnie, la Croatie et l'Herzégowine. A Paris chez F.-G. Levrault, rue de la Harpe, numéro 81 et rue des Juifs, numéro 33 à Strasbourg, 1827.*

F.-Ed. Schneegans.

Strasbourg 1926.

(19) Ces trois ballades avaient d'abord été publiées dans la Revue de Paris d'octobre à décembre 1829, puis dans l'édition princeps de la Mosaïque (1833).
(20) Voy. Yovanovitch p. 419.
(21) Lettres à l'Inconnue I, 26.

LA GUZLA

AVERTISSEMENT

Vers l'an de grâce 1827 j'étais *romantique*. Nous isions aux *classiques* : « Vos Grecs ne sont point es Grecs, vos Romains ne sont point des Romains ; vous ne savez pas donner à vos compositions la *couleur locale*. Point de salut sans la ouleur locale. » Nous entendions par couleur loile ce qu'au XVIIe siècle on appelait les *mœurs :* ais nous étions très fiers de notre mot, et nous ensions avoir imaginé le mot et la chose. En it de poésies, nous n'admirions que les poésies trangères et les plus anciennes : les ballades de frontière écossaise, les romances du Cid, nous araissaient des chefs-d'œuvre incomparables, toujours à cause de la *couleur locale.*

Je mourais d'envie d'aller l'observer là où elle xistait encore, car elle ne se trouve pas en tous eux. Hélas ! pour voyager il ne me manquait u'une chose, de l'argent ; mais, comme il n'en oûte rien pour faire des projets de voyage, j'en aisais beaucoup avec mes amis.

Ce n'étaient pas les pays visités par tous les ouristes que nous voulions voir ; J.-J. Ampère et oi, nous voulions nous écarter des routes suiies par les Anglais ; aussi, après avoir passé apidement à Florence, Rome et Naples, nous deions nous embarquer à Venise pour Trieste, et de

là longer lentement la mer Adriatique jusqu'à
Raguse. C'était bien le plan le plus original, le
plus beau, le plus neuf, sauf la question d'argent !... En avisant au moyen de la ré-
soudre, l'idée nous vint d'écrire d'avance notre
voyage, de le vendre avantageusement, et d'employer nos bénéfices à reconnaître si nous nous
étions trompés dans nos descriptions. Alors l'idée
était neuve, mais malheureusement nous l'aban-
donnâmes.

Dans ce projet qui nous amusa quelque temps,
Ampère, qui sait toutes les langues de l'Europe,
m'avait chargé, je ne sais pourquoi, moi, ignoran-
tissime, de recueillir les poésies originales des
Illyriens.

Pour me préparer, je lus le *Voyage en Dalmatie*
de l'abbé Fortis, et une assez bonne statistique des
anciennes provinces illyriennes, rédigée, je crois,
par un chef de bureau du ministère des affaires
étrangères. J'appris cinq à six mots de slave, et
j'écrivis en une quinzaine de jours la collection de
ballades que voici.

Cela fut mystérieusement imprimé à Strasbourg, avec notes et portrait de l'auteur. Mon
secret fut bien gardé et le succès fut immense.

Il est vrai qu'il ne s'en vendit guère qu'une
douzaine d'exemplaires, et le cœur me saigne encore en pensant au pauvre éditeur qui fit les frais
de cette mystification ; mais, si les Français ne me
lurent point, les étrangers et des juges compétents
me rendirent bien justice.

Deux mois après la publication de *la Guzla*,
M. Bowring (1), auteur d'une anthologie slave,

------

(1) Ed. 1847 Browing.

m'écrivit pour me demander les vers originaux que j'avais si bien traduits.

Puis M. Gerhart, conseiller et docteur quelque part en Allemagne, m'envoya deux gros volumes de poésies slaves traduites en allemand, et *la Guzla* traduite aussi, et en vers, ce qui lui avait été facile, disait-il dans sa préface, car sous ma prose il avait découvert le mètre des vers illyriques. Les Allemands découvrent bien des choses, on le sait, et celui-là me demandait encore des ballades pour faire un troisième volume.

Enfin M. Pouchkine (1) a traduit en russe quelques-unes de mes historiettes, et cela peut se comparer à *Gil Blas* traduit en espagnol, et aux *Lettres d'une religieuse portugaise*, traduites en portugais.

Un si brillant succès ne me fit point tourner la tête. Fort du témoignage de MM. Bowring, Gerhart et Pouchkine, je pouvais me vanter d'avoir fait de la *couleur locale* ; mais le procédé était si simple, si facile, que j'en vins à douter du mérite de la *couleur locale* elle-même, et que je pardonnai à Racine d'avoir policé les sauvages héros de Sophocle et d'Euripide.

---

(1) Ed. 1847 Pouschkine.

1840.

PREFACE

DE LA PREMIÈRE ÉDITION

Quand je m'occupais à former le recueil dont
on va lire aujourd'hui la traduction, je m'imagi-
nais être à peu près le seul Français (car je l'étais
alors) qui pût trouver quelque intérêt dans ces
poëmes sans art, production d'un peuple sauvage ;
aussi les publier était bien loin de ma pensée.

Depuis, remarquant le goût qui se répand tous
les jours pour les ouvrages étrangers, et surtout
pour ceux qui, par leur forme même (1), s'éloignent
des chefs-d'œuvre que nous sommes habitués à
admirer, je songeai à mon recueil de chansons
illyriques. J'en fis quelques traductions pour mes
amis, et c'est d'après leur avis que je me hasarde
à faire un choix dans ma collection et à le sou-
mettre au jugement du public.

Plus qu'un autre, peut-être, j'étais en état de (2)
faire cette traduction. J'ai habité fort jeune les
provinces illyriques. Ma mère était une Morlaque* de Spalatro, et, pendant plusieurs années,
j'ai parlé l'illyrique plus souvent que l'italien.

---

* Les Morlaques sont les habitants de la Dalmatie qui parlent le slave ou l'illyrique.
1827 : (1) leurs formes mêmes.
1827 : (2) je pouvais faire.

Naturellement grand amateur de voyages, j'ai
employé le temps que me laissaient quelques occu-
pations, assez peu importantes, à bien connaître
le pays que j'habitais ; aussi existe-t-il peu de
villages, de montagnes, de vallons, depuis Trieste
jusqu'à Raguse, que je n'aie visités. J'ai même
fait d'assez longues excursions dans la Bosnie et
l'Herzegowine (1), où la langue illyrique s'est (2)
conservée dans toute sa pureté, et j'y ai découvert
quelques fragments assez curieux d'anciennes poésies.

Maintenant, je dois parler du choix que j'ai fait
de la langue française pour cette traduction. Je
suis Italien ; mais, depuis certains événements qui
sont survenus dans mon pays, j'habite la France,
que j'ai toujours aimée et dont, pendant quelque
temps, j'ai été citoyen. Mes amis sont Français ;
je me suis habitué à considérer la France comme
ma patrie. Je n'ai pas la prétention, ridicule à un
étranger d'écrire en français avec l'élégance d'un
littérateur : cependant l'éducation que j'ai reçue
et le long séjour que j'ai fait dans ce pays m'ont
mis à même d'écrire assez facilement, je crois,
surtout une traduction dont le principal mérite,
selon moi, est l'exactitude.

Je m'imagine que les provinces illyriques, qui
ont été longtemps sous le gouvernement français, sont assez bien connues pour qu'il soit inu-
tile de faire précéder ce recueil d'une description
géographique, politique, etc.

Je dirai seulement quelques mots des bardes
slaves ou joueurs de guzla, comme on les appelle.

La plupart sont des vieillards fort pauvres, sou-

1827 : (1) Herzegovine.
1827 : (2) est conservée.

vent en guenilles, qui courent les villes et les villages en chantant des romances et s'accompagnant avec une espèce de guitare, nommée *guzla*, qui n'a qu'une seule corde faite de crin. Les oisifs, et les Morlaques ont peu de goût pour le travail, les entourent ; et, quand la romance est finie, l'artiste attend son salaire de la générosité de ses auditeurs. Quelquefois, par une ruse adroite, il s'interrompt dans le moment le plus intéressant de son histoire pour faire appel (1) à la générosité du public ; souvent même il fixe la somme pour laquelle il consentira à raconter le dénoûment (2).

Ces gens ne sont pas les seuls qui chantent des ballades ; presque tous les Morlaques, jeunes ou vieux, s'en mêlent aussi : quelques-uns, en petit nombre, composent des vers (3) qu'ils improvisent souvent (voyez la notice sur Maglanovich). Leur manière de chanter est nasillarde (4), et les airs des ballades sont très peu variés ; l'accompagnement de la guzla ne les relève pas beaucoup, et l'habitude de l'entendre peut seule rendre cette musique tolérable. A la fin de chaque vers, le chanteur pousse un grand cri, ou plutôt un hurlement, semblable à celui d'un loup blessé. On entend ces cris de fort loin dans les montagnes, et il faut y être accoutumé pour penser qu'ils sortent d'une bouche humaine.

1827 (5).

1827 : (1) un appel.
1827 : (2) dénouement.
1827 : (3) des vers (voyez... Maglanovich), qu'ils improvisent souvent.
1827 : (4) nazillarde.
1827 : (5) *La date manque.*

NOTICE

SUR HYACINTHE MAGLANOVICH

Hyacinthe Maglanovich est presque (1) le seul
joueur de guzla que j'aie vu qui fût aussi poëte ;
car la plupart ne font que répéter d'anciennes
chansons, ou tout au plus ne composent que des
pastiches, prenant (2) vingt vers d'une ballade,
autant d'une autre, et liant le tout au moyen
de mauvais vers de leur façon.

Notre poëte est né à Zuonigrad, comme il le dit
lui-même, dans sa ballade intitulée l'*Aubépine de
Veliko*. Il était fils d'un cordonnier, et ses parents
ne semblent pas (3) avoir pris beaucoup de soin
de son éducation, car il ne sait ni lire ni écrire.
A l'âge de huit ans il fut enlevé par des *Tchingé-
nehs* ou bohémiens (4). Ces gens le menèrent en
Bosnie, où ils lui apprirent leurs tours et le con-
vertirent sans peine à l'islamisme, qu'ils pro-
fessent pour la plupart*. Un *ayan* ou maire de
Livno le tira de leurs mains et le prit à son
service, où il passa quelques années.

---

* Tous ces détails m'ont été donnés en 1817 par
Maglanovich lui-même.

1827 : (1) est le seul joueur.

1827 : (2) en prenant.

1827 : (3) pas s'être donné beaucoup de mal
pour son éducation.

1827 : (4) ou Bohémiens.

Il avait quinze ans quand un moine catholique réussit à le convertir au christianisme, au risque de se faire empaler s'il était découvert ; car les Turcs n'encouragent point les travaux des missionnaires. Le jeune Hyacinthe n'eut pas de peine à se décider à quitter un maître assez dur, comme sont la plupart des Bosniaques ; mais, en se sauvant de sa maison, il voulut tirer vengeance de ses mauvais traitements. Profitant d'une nuit orageuse, il sortit de Livno, emportant une pelisse et le sabre de son maître, avec quelques sequins qu'il put dérober. Le moine qui l'avait rebaptisé l'accompagna dans sa fuite, que peut-être il avait conseillée.

De Livno à Scign en Dalmatie il n'y a qu'une douzaine de lieues. Les fugitifs s'y trouvèrent bientôt sous la protection du gouvernement vénitien et à l'abri des poursuites de l'ayan. Ce fut dans cette ville que Maglanovich fit sa première chanson : il célébra sa fuite dans une ballade qui trouva quelques admirateurs et qui commença sa réputation.*

Mais il était sans ressources d'ailleurs pour subsister, et la nature lui avait donné peu de goût pour le travail. Grâce à l'hospitalité morlaque, il vécut quelque temps de la charité des habitants des campagnes, payant son écot en chantant sur la guzla quelque vieille romance qu'il savait par cœur. Bientôt il en composa lui-même pour des mariages et des enterrements, et sut si

---

* J'ai fait de vains efforts pour me la procurer. Maglanovich lui-même l'avait oubliée, ou peut-être eut-il honte de me réciter son premier essai poétique. (1)
1827 : (1) essai dans la poésie.

bien se rendre nécessaire qu'il n'y avait pas de bonne fête si Maglanovich et sa guzla n'en étaient pas.

Il vivait ainsi dans les environs de Scign, se sorciant fort peu de ses parents, dont il ignore encore le destin, car il n'a jamais été à Zuonigrad depuis son enlèvement.

A vingt-cinq ans c'était un beau jeune homme, fort, adroit, bon chasseur, et de plus poëte et musicien célébre ; il était bien vu de tout le monde, et surtout des jeunes filles. Celle qu'il préférait se nommait Hélène (1) et était fille d'un riche Morlaque, nommé Zlarinovich. Il gagna facilement son affection, et, suivant la coutume, il l'enleva. Il avait pour rival une espéce de seigneur du pays, nommé Uglian, lequel eut connaissance de l'enlèvement projeté. Dans les mœurs illyriennes, l'amant dédaigné se console facilement et n'en fait pas plus mauvaise mine à son rival heureux ; mais cet Uglian s'avisa d'être jaloux et voulut mettre obstacle au bonheur de Maglanovich. La nuit de l'enlèvement, il parut accompagné de deux de ses domestiques au moment où Hélène (1) était déjà montée sur un cheval et prête à suivre son amant. Uglian leur cria de s'arrêter d'une voix menaçante. Les deux rivaux étaient armés (2). Maglanovich tira le premier et tua le seigneur Uglian. S'il avait eu une famille, elle aurait épousé sa querelle, et il n'aurait pas quitté le pays pour si peu de chose ; mais il était sans parents pour l'aider, et il restait seul exposé à la vengeance de toute la famille du mort. Il prit son parti promptement, et s'enfuit avec sa femme dans les mon-

1827 : (1) Marie.
1827 : (2) armés suivant l'usage.

tagnes, où il s'associa avec (3) des heiduques.*

Il vécut longtemps (1) avec eux, et même il fut blessé au visage dans une escarmouche avec les (2) pandours**. Enfin, ayant gagné quelque argent d'une manière assez peu catholique (3), je crois, il quitta les montagnes, acheta des bestiaux, et vint s'établir dans le Kotar avec sa femme et quelques enfants. Sa maison est près de Smocovich, sur le bord d'une petite rivière ou d'un torrent qui se jette dans le lac de Vrana. Sa femme et ses enfants s'occupent de leurs vaches et de leur petite ferme ; mais lui est toujours en voyage ; souvent il va voir ses anciens amis les heiduques, sans toutefois prendre part à leur dangereux métier.

Je l'ai vu à Zara pour la première fois en 1816. J'étais alors grand amateur de la langue illyrique (4), et je désirais beaucoup entendre un poëte en réputation. Mon ami, l'estimable voïvode (5) Nicolas***, avait rencontré à Biograd, où il demeure, Hyacinthe Maglanovich, qu'il connaissait déjà ; et, sachant qu'il allait à Zara, il lui donna une lettre pour moi. Il me disait que, si je voulais en tirer quelque chose (6), il fallait

---

* Espèce de bandits.
1827 : (3) avec des Heyduques, (*toujours H majuscule dans* 1827).
** Soldats de la police. Voyez les notes suivantes.
1827 : (1) long-temps.
1827 : (2) les Pandours.
1827 : (3) assez peu honnête.
1827 : (4) Je parlais alors très-facilement l'illyrique (*éd. postér.* admirateur de la langue).
1827 : (5) voivode (*édit. postér.* voiévode).
1827 : (6) voulais tirer quelque chose du joueur de guzla, il.

faire boire ; car il ne se sentait inspiré que
rsqu'il était à peu près ivre.

Hyacinthe avait alors près de soixante ans. C'est
n grand homme, vert et robuste pour son âge, les
paules larges et le cou remarquablement gros (1).
a figure prodigieusement basanée, ses yeux petits
, un peu relevés à la chinoise, son nez aquilin,
ssez enflammé par l'usage des liqueurs fortes,
a longue moustache blanche et ses gros sour-
ls noirs, forment un ensemble que l'on oublie
ifficilement quand on l'a vu une fois. Ajoutez à
la une longue cicatrice qui s'étend (2) sur le sour-
l et sur une partie de la joue. Il est très extraor-
inaire qu'il n'ait pas perdu l'œil en recevant cette
lessure. Sa tête était rasée, suivant l'usage
resque général des Morlaques (3), et il portait
n bonnet d'agneau noir : ses vêtements étaient
ssez vieux, mais encore très propres.

En entrant dans ma chambre, il me donna la
ttre du voïvode et s'assit sans cérémonie. Quand
eus fini de lire : « Vous parlez donc l'illy-
que ? » me dit-il avec (4) un air de doute
ssez méprisant. Je lui répondis sur-le-champ dans
tte langue que je l'entendais assez bien pour
ouvoir apprécier ses chansons, qui m'avaient été
xtrêmement vantées. « Bien, bien, dit-il ; mais
'ai faim et soif : je chanterai quand je serai ras-
sié. » Nous dînâmes ensemble. Il me semblait
u'il avait jeûné quatre jours au moins, tant il
angeait avec avidité. Suivant l'avis du voïvode,

1827 : (1) gros ; sa figure est prodigieusement
asanée ; ses yeux sont... relevés du coin ; son nez.
1827 : (2) cicatrice qu'il porte sur.
1827 : (3) des Morlaques *manque*.
1827 : (4) d'un air (*repris dans les éd. postér.*).

j'eus soin de le faire boire, et mes amis, qui étaient venus nous tenir compagnie sur le bruit de son arrivée, remplissaient son verre à chaque instant. Nous espérions que, quand cette faim et cette soif si extraordinaires seraient apaisées, notre homme voudrait bien nous faire entendre quelques-uns de ses chants. Mais notre attente fut bien trompée. Tout d'un coup il se leva de table, et, se laissant tomber sur un tapis près du feu (nous étions en (1) décembre), il s'endormit en moins de cinq minutes, sans qu'il y eût moyen de le réveiller.

Je fus plus heureux une autre fois : j'eus soin de le faire boire seulement assez pour l'animer, et alors il nous chanta plusieurs des ballades que l'on trouvera dans ce recueil.

Sa voix a dû être fort belle ; mais alors elle était un peu cassée. Quand il chantait sur sa guzla, ses yeux s'animaient, et sa figure prenait une expression de beauté sauvage qu'un peintre aimerait à exprimer sur la toile.

Il me quitta d'une façon étrange : il demeurait depuis cinq jours chez moi, quand un matin il sortit, et je l'attendis inutilement jusqu'au soir. J'appris qu'il avait quitté Zara pour retourner chez lui ; mais en même temps je m'aperçus qu'il me manquait une paire de pistolets anglais qui, avant son départ précipité, étaient pendus dans ma chambre. Je dois dire à sa louange qu'il aurait pu emporter également ma bourse et une montre d'or qui valaient dix fois plus que les pistolets (2).

En 1817, je passai deux jours dans sa maison,

1827 : (1) en Décembre.
1827 : (2) pistolets qu'il m'avait pris.

où il me reçut avec toutes les marques de la
joie la plus vive. Sa femme et tous ses enfants
et petits-enfants me sautèrent au cou ; et quand
je le quittai, son fils aîné me servit de guide. dans
les montagnes pendant plusieurs jours, sans qu'il
me fût possible de lui faire accepter une récompense (1).

1827 : (1) quelque récompense.

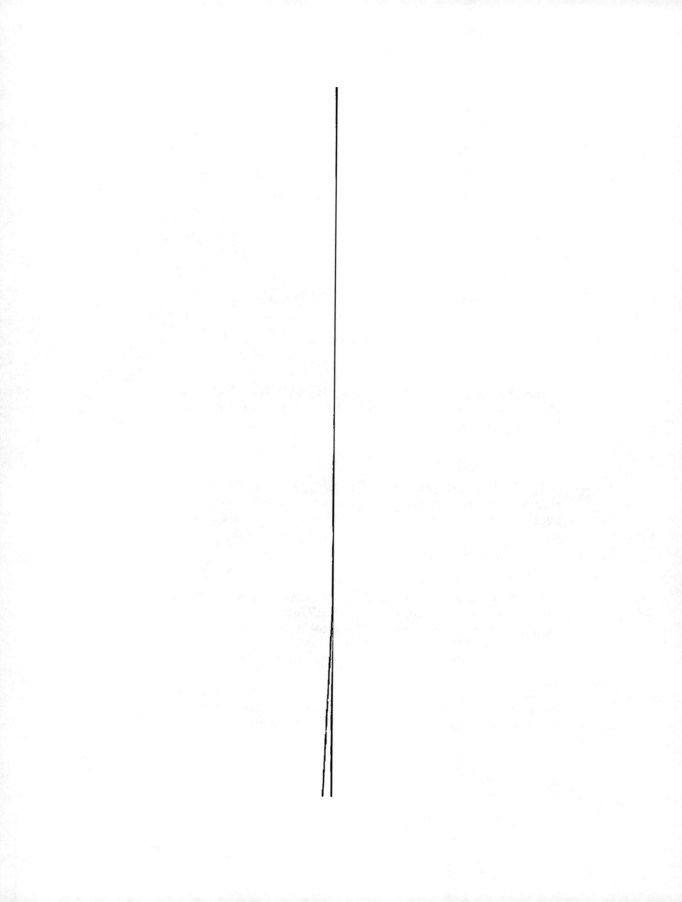

I   L'AUBÉPINE DE VELIKO (1)

1

L'Aubépine de Veliko, par Hyacinthe Maglanovich, natif de Zuonigrad, le plus habile des
joueurs de guzla. Prêtez l'oreille !

2

Le bey Jean Veliko, fils d'Alexis, a quitté sa
maison et son pays. Ses ennemis sont venus de
l'est ; ils ont brûlé sa maison et usurpé son
pays.

3

Le bey Jean Veliko, fils d'Alexis, avait douze
fils : cinq sont morts au gué d'Obravo ; cinq sont
morts dans la plaine de Rebrovje.

4

Le bey Jean Veliko, fils d'Alexis, avait un fils
chéri : ils l'ont emmené à Kremen ; ils l'ont enfermé dans une prison dont ils ont muré la porte.

38

5

Or, le bey Jean Veliko, fils d'Alexis, n'est pas mort au gué d'Obravo ou dans la plaine de Rebrovje, parce qu'il était trop vieux pour la guerre et qu'il était aveugle.

6

Et son douzième fils n'est pas mort au gué d'Obravo ou dans la plaine de Rebrovje, parce qu'il était trop jeune pour la guerre et qu'il était à peine sevré.

7

Le bey Jean Veliko, fils d'Alexis, a passé avec son fils la Mresvizza, qui est si jaune; et il a dit à George Estivanich : « Etends ton manteau, que je sois à l'ombre (2) ».

8

Et George Estivanich a étendu son manteau ; il a mangé le pain et le sel avec le bey Jean Veliko (3) et il a nommé Jean le fils que sa femme lui a donné (4).

9

Mais Nicolas Jagnievo, et Joseph Spalatin, et Fédor Aslar, se sont réunis à Kremen aux fêtes de Pâques et ils ont bu et mangé ensemble.

1827 : str. 8 du pain et du sel.

10

Et Nicolas Jagnievo a dit : « La famille de Veliko est détruite. » Et Joseph Spalatin a dit :
« Notre ennemi Jean Veliko, fils d'Alexis, est en-
« core vivant. »

11

Et Fédor Aslar a dit : « George Estivanich a
« étendu son manteau sur lui, et il vit tranquille
« au delà de la Mresvizza, avec son dernier fils
« Alexis. »

12

Ils ont dit tous ensemble : « Que Jean Ve-
« liko meure avec son fils Alexis ! » Et
ils se sont pris la main et ils ont bu dans le même
cornet de l'eau-de-vie de prunes (5).

13

Et le lendemain de la Pentecôte, Nicolas Jagnievo est descendu dans la plaine de Rebrovje,
et vingt hommes le suivent armés de sabres et de
mousquets.

14

Joseph Spalatin descend le même jour avec quarante heiduques (6), et Fédor Aslar les a joints
avec quarante cavaliers portant des bonnets
d'agneaux noirs.

15

Ils ont passé près de l'étang de Majavoda, dont l'eau est noire et où il n'y a pas de poissons ; et ils n'ont pas osé y faire boire leurs chevaux, mais ils les ont abreuvés à la Mresvizza.

16

« Que venez-vous faire, beys de l'est ? que ve-« nez-vous faire dans le pays de George Estivanich ? « Allez-vous à Segna complimenter le nouveau po-« destat ? »

17

--- « Nous n'allons pas à Segna, fils d'Etienne, « a répondu Nicolas Jagnievo ; mais nous cher-« chons Jean Veliko et son fils. Vingt chevaux « turcs, si tu nous les livres. »

18

— « Je ne te livrerai pas Jean Veliko pour tous « les chevaux turcs que tu possèdes. Il est mon « hôte et mon ami. Mon fils unique porte son « nom. »

19

Alors a dit Joseph Spalatin : « Livre-nous Jean « Veliko, ou tu feras couler du sang. Nous sommes « venus de l'est sur des chevaux de bataille ; nos « armes sont chargées. »

1827 : Str. 16. Podestat.
1842 : Str. 19. où tu ; 1827 : avec des armes chargées.

20

« — Je ne te livrerai pas Jean Veliko, et, s'il te
« faut du sang, sur cette montagne là-bas j'ai cent-
« vingt cavaliers qui descendront au premier coup
« de mon sifflet d'argent. »

21

Alors Fédor Aslar, sans dire mot, lui a fendu
la tête d'un coup de sabre, et ils sont venus à
la maison de George Estivanich, où était sa femme,
qui avait vu cela.

22

— « Sauve-toi, fils d'Alexis ! Sauve-toi, fils de
« Jean ! Les beys de l'est ont tué mon mari, ils
« vous tueront aussi ! » Ainsi a parlé Thérèse
Gelin.

23

Mais le vieux bey a dit : « Je suis trop vieux
pour courir. » Il lui a dit : « Sauve Alexis, c'est
« le dernier de son nom nom ! » Et Thérèse Gelin
a dit : « Oui, je le sauverai. »

24

Les beys de l'est ont vu Jean Veliko. « A mort ! »
ont-ils crié. Leurs balles ont volé toutes à la fois
et leurs sabres tranchants ont coupé ses cheveux
gris.

25

— « Thérèse Gelin, ce garçon est-il le fils de
Jean ? (7)» Mais elle répondit : « Vous ne ver-
« serez pas le sang d'un innocent. » Alors ils ont
tous crié : « C'est le fils de Jean Veliko ! »

26

Joseph Spalatin voulut l'emmener avec lui,
mais Fédor Aslar lui perça le cœur de son yatagan (8), et il tua le fils de George Estivanich,
croyant tuer Alexis Veliko.

27

Or, dix ans après, Alexis Veliko était devenu un
chasseur robuste et adroit. Il dit à Thérèse Gelin :
« Mère, pourquoi ces robes sanglantes suspendues
« à la muraille (9) »

28

— « C'est la robe de ton père, Jean Veliko, qui
« n'est pas encore vengé ; c'est la robe de Jean
« Estivanich, qui n'est pas vengé, parce qu'il n'a
« pas laissé de fils. »

Str. 25. *le chiffre 7 placé par erreur dans 1847
après* innocent.
Str. 26. 1827 ataghan (forme ordinaire de ce
mot dans 1827).
Str. 27. Maman, pourquoi.

29

Le chasseur est devenu triste ; il ne boit plus d'eau-de-vie de prunes ; mais il achète de la poudre à Segna : il rassemble des heiduques et des cavaliers.

30

Le lendemain de la Pentecôte, il a passé la Mresvizza, et il a vu le lac noir où il n'y a pas de poissons : il a surpris les trois beys de l'est tandis qu'ils étaient à table.

31

— « Seigneurs ! Seigneurs ! voici venir des cava-« liers et des heiduques armés ; leurs chevaux « sont luisants ; ils viennent de passer à gué la « Mresvizza : c'est Alexis Veliko. »

32

— « Tu mens, tu mens, vieux racleur de guzla. « Alexis Veliko est mort : je l'ai percé de mon « poignard. » Mais Alexis est entré et a crié : « Je « suis Alexis, fils de Jean ! »

33

Une balle a tué Nicolas Jagnievo, une balle a tué Joseph Spalatin : mais il a coupé la main droite à Fédor Aslar, et il lui a coupé la tête ensuite.

1827 : Str. 30 de poisson.

34

— « Enlevez, enlevez ces robes sanglantes. Les
« beys de l'est sont morts. Jean et George sont
« vengés. L'aubépine de Veliko a refleuri ; sa
« tige ne périra pas ! 10 »

NOTES

(1) Ce titre n'est motivé que par la dernière
stance. Il parait que l'aubépine était le signe dis-
tinctif ou héraldique (1) de la famille de Veliko.

(2) C'est-à-dire accorde-moi ta protection.

(3) On sait que dans le Levant deux personnes
qui ont mangé du pain et du sel ensemble deviennent amis par ce fait seul.

(4) C'est la plus grande marque d'estime que
l'on puisse donner à quelqu'un que de le prendre
pour le parrain d'un de ses enfants.

(5 *Slibovitce.*

(6) Les heiduques sont des espèces de Morlaques sans asile et qui vivent de pillage. Le mot
de *hayduk* veut dire chef de parti.

(7) Il faudrait, pour rendre cette stance plus
intelligible, ajouter : *dirent-ils en montrant le fils
de George Estivanich.*

(8) Long poignard turc, formant une courbe
légère et tranchant à l'intérieur.

(9) Usage illyrien.

(10) La vengeance passe pour un devoir sacré
chez les Morlaques. Leur proverbe favori est
celui-ci : *Qui ne se venge pas ne se sanctifie pas.*
En illyrique cela fait une espèce de calembour (2) :
Ko ne se osveti onse ne posveti. Osveta, en illyrique, signifie vengeance et sanctification.

1827 (1) ou héraldique *manque.*
1827 (2) calembourg.

LA MORT
DE THOMAS II, ROI DE BOSNIE (1)

Fragment

.   .   .   .

..... Alors les mécréants leur coupèrent la tête, et ils mirent la tête d'Etienne au bout d'une lance, et un Tartare la porta près de la muraille en criant : « Thomas ! Thomas ! voici la tête de ton « fils. Comme nous avons fait à ton fils, ainsi te « ferons-nous ! » Et le roi* déchira sa robe et se coucha sur la cendre et il refusa de manger pendant trois jours...

Et les murailles de Kloutch étaient tellement criblées de boulets qu'elles ressemblaient à un rayon de miel ; et nul n'osait lever la tête seulement pour regarder, tant ils lançaient de flèches et de boulets qui tuaient et blessaient les chrétiens. Et les Grecs (2) et ceux qui se faisaient appeler *agréables à Dieu* (3) nous ont trahis, et ils se sont rendus à Mahomet, et ils travaillaient à saper les murailles. Mais ces chiens n'osaient encore donner l'assaut, tant ils avaient peur de nos sabres affilés. Et la nuit, lorsque le roi était dans son lit sans dormir, un fantôme a percé les planches de

---

1827* Et le Roi... sur de la cendre.

sa chambre, et il a dit : « Etienne, me reconnais-
tu ? » Et le roi lui répondit en tremblant : « Oui.
« tu es mon père, Thomas. » — Alors le fantôme
étendit la main et secoua sa robe sanglante sur
la tête du roi. — Et le roi dit : « Quand cesseras-
tu de me persécuter ? » Et le fantôme répondit :
« Quand tu te seras remis à Mahomet... »

Et le roi est entré dans la tente de ce démon (4),
qui fixa sur lui son mauvais œil, et il dit : « Fais-
toi circoncire, ou tu périras. »

Mais le roi a répondu fièrement : « Par la grâce
de Dieu, j'ai vécu chrétien*, chrétien je veux
mourir ». Alors ce méchant infidèle l'a fait saisir
par ses bourreaux, et ils l'ont écorché vif, et de
sa peau ils ont fait une selle. Ensuite leurs
archers l'ont pris pour but de leurs flèches, et il
est mort malheureusement, à cause de la malédiction de son père.

NOTES

(1) Thomas Iᵉʳ, roi de Bosnie, fut assassiné
secrètement, en 1460, par ses deux fils Etienne et
Radivoï. Le premier fut couronné sous le nom
d'Etienne-Thomas II (1) ; c'est le héros de cette
ballade. Radivoï, furieux de se voir exclu du
trône, révéla le crime d'Etienne et le sien, et alla
ensuite chercher un asile auprès de Mahomet.

L'Evêque de Modrussa, légat du pape en Bosnie,
persuada à Thomas II que le meilleur moyen de
se racheter de son parricide était de faire la guerre
aux Turcs. Elle fut fatale aux chrétiens :

1827* vécu en Chrétien ; je veux mourir en
Chrétien.
1827 : 1) de Etienne.

Mahomet ravagea le royaume et assiégea Thomas dans le château de Kloutch en Croatie, où il s'était réfugié. Trouvant que la force ouverte ne le menait pas assez promptement à son but, le sultan offrit à Thomas de lui accorder la paix, sous la condition qu'il lui payerait (2) seulement l'ancien tribut. Thomas II, déjà réduit à l'extrémité, accepta ces conditions et se rendit au camp des infidèles. Il fut aussitôt arrêté, et sur son refus de se faire circoncire, son barbare vainqueur le fit écorcher vif, et achever à coups de flèches.

Ce morceau est fort ancien et je n'ai pu en obtenir que ce fragment. Le commencement semble se rapporter à une bataille perdue par Etienne, fils de Thomas II, et qui précéda la prise de la citadelle de Kloutch.

(2) Les Grecs et les catholiques romains se damnent à qui mieux mieux dans la Dalmatie et la Bosnie. Ils s'appellent réciproquement : *passa-vjerro* 1), c'est-à-dire foi de chien.

(3) En illyrique, *bogou-mili* (1) ; c'est le nom que se donnaient les *Paterniens*. Leur hérésie consistait à regarder l'homme comme l'œuvre du diable, à rejeter presque tous les livres de la Bible, enfin à se passer de prêtres.

(4) Mahomet II. Les Grecs disent encore que ce prince (2) n'était autre qu'un diable incarné.

1827 : 2) paierait.
1827 : 3) *Passa-Vjerro*.
1827 : (1) *Bogou-mili*.
1827 : (2) ce Prince.

LA VISION DE THOMAS II,

ROI DE BOSNIE (1)

Par Hyacinthe Maglanovich

1

Le roi Etienne-Thomas se promène dans sa chambre, il se promène à grands pas, tandis que ses soldats dorment couchés sur leurs armes ; mais lui, il ne peut dormir, car les infidèles assiègent sa ville, et Mahomet veut envoyer sa tête à la grande mosquée de Constantinople.

2

Et souvent il se penche en dehors de la fenêtre pour écouter s'il n'entend point quelque bruit ; mais la chouette seule pleure au-dessus de son palais, parce qu'elle prévoit que bientôt elle sera obligée de chercher une autre demeure pour ses petits.

3

Ce n'est point la chouette qui cause ce bruit étrange, ce n'est point la lune qui éclaire ainsi les

1827 : 1. le Roi Thomas.

vitraux de l'église de Kloutch ; mais dans l'église de Kloutch résonnent les tambours et les trompettes, et les torches allumées ont changé la nuit en un jour éclatant.

4

Et autour du grand roi Etienne-Thomas dorment ses fidèles serviteurs, et nulle autre oreille que la sienne n'a entendu ce bruit effrayant ; seul il sort de sa chambre son sabre à la main, car il a vu que le ciel lui envoyait un avertissement de l'avenir.

5

D'une main ferme il a ouvert la porte de l'église ; mais quand il vit ce qui était dans le chœur, son courage fut sur le point de l'abandonner : il a pris de sa main gauche une amulette d'une vertu éprouvée, et, plus tranquille alors, il entra dans la grande église de Kloutch.

6

Et la vision qu'il vit est bien étrange : le pavé de l'église était jonché de morts, et le sang coulait comme les torrents qui descendent, en automne, dans les vallées du Prologh ; et, pour avancer dans l'église, il était obligé d'enjamber des cadavres et de s'enfoncer dans le sang jusqu'à la cheville.

7

Et ces cadavres étaient ceux de ses fidèles serviteurs, et ce sang était le sang des chrétiens.

1827 : Str. 4 Roi Thomas.

50

Une sueur froide coulait le long de son dos, et ses dents s'entrechoquaient d'horreur. Au milieu du chœur, il vit des Turcs et des Tartares armés avec les *Bogou-mili* (2), ces renégats !

8

Et près de l'autel profané était Mahomet au mauvais œil, et son sabre était rougi jusqu'à la garde ; devant lui était Thomas Ier (3), qui fléchissait le genou et qui présentait sa couronne humblement à l'ennemi de la chrétienté.

9

A genoux aussi était le traître Radivoï (4), un turban sur la tête ; d'une main il tenait la corde dont il étrangla son père, et de l'autre il prenait la robe du vicaire de Satan (5), et il l'approchait de ses lèvres pour la baiser, ainsi que fait un esclave qui vient d'être bâtonné.

10

Et Mahomet daigna sourire, et il prit la couronne, puis il la brisa sous ses pieds, et il dit : « Radivoï, je te donne ma Bosnie à gouverner, « et je veux que ces chiens te nomment leur « beglierbey (6) ». Et Radivoï se prosterna, et il baisa la terre inondée de sang.

11

Et Mahomet appela son vizir : « Vizir, que l'on « donne un caftan (7) à Radivoï. Le caftan qu'il « portera sera plus précieux que le brocart de

1827 : Str. 8 le genouil.
1827 : Str. 10 leur Beglierbey.
1827 : Str. 11 Visir ; brocard.

« Venise ; car c'est de la peau d'Etienne-Thomas,
« écorché, que son frère va se revêtir. » Et le vizir
répondit : « Entendre c'est obéir ». (8)

12

Et le bon roi Etienne-Thomas sentit les mains
des mécréants déchirer ses habits, et leurs yatagans fendaient sa peau, et de leurs doigts et de
leurs dents ils tiraient cette peau, et ainsi ils la
lui ôtèrent jusqu'aux ongles des pieds (9) ; et de
cette peau Radivoï se revêtit avec joie.

13

Alors Etienne-Thomas s'écria : « Tu es juste,
« mon Dieu ! tu punis un fils parricide ; de mon
« corps dispose à ton gré ; mais daigne prendre
« pitié de mon âme, ô divin Jésus ! » A ce nom,
l'église a tremblé ; les fantômes s'évanouirent et
les flambeaux s'éteignirent tout d'un coup.

14

Avez-vous vu une étoile brillante parcourir le
ciel d'un vol rapide et éclairer la terre au loin ?
Bientôt ce brillant météore disparaît dans la nuit,
et les ténèbres reviennent plus sombres qu'auparavant : telle disparut la vision d'Etienne-Thomas.

15

A tâtons il regagna la porte de l'église ; l'air
était pur et la lune dorait les toits d'alentour.

1827: Str. 11 de Thomas.
1827: Str. 12 le bon roi Thomas.
1827: Str. 13 Alors Thomas.... mon ame.
1827: Str. 14 de Thomas. (éclairant *éd. postér.*)

Tout était calme, et le roi aurait pu croire que la paix régnait encore à Kloutch, quand une bombe (10), lancée par le mécréant vint tomber devant lui et donna le signal de l'assaut.

NOTES

(1) Voir la note de la ballade précédente, qui contient un précis des événements qui amenèrent la fin du royaume de Bosnie.

(2) Les Paterniens.

(3) Thomas Ier, père de Thomas II.

(4) Son frère, qui l'avait aidé à commettre son parricide.

(5) Mahomet II.

(6) Ce mot signifie seigneur des seigneurs. C'est le titre du pacha de Bosnie. Radivoï n'en fut jamais revêtu, et Mahomet se garda bien de laisser en Bosnie un seul des rejetons de la famille royale.

(7) On sait que le Grand-Seigneur fait présent d'un riche *caftan* ou pelisse, aux grands dignitaires au moment où ils vont prendre possession de leurs gouvernements.

(8) Proverbe des esclaves turcs qui reçoivent un ordre.

(9) Thomas II fut en effet écorché vif.

(10) Maglanovich avait vu des bombes et des mortiers, mais il ignorait que l'invention de ces instruments de destruction était bien postérieure à Mahomet II.

1827: Note (1) Il faut se rappeler ici la note.
1827: (2) Les Paterniens *Vid. ut suprà.*
1827: (3) Le père de Thomas II.
1827: (6) du Pacha.
1827: (7) grand-seigneur.

1

LE MORLAQUE A VENISE (1)

1

Quand Prascovie m'eut abandonné, quand j'étais triste et sans argent, un rusé Dalmate vint dans ma montagne et me dit : Viens à cette grande ville des eaux, les sequins y sont plus communs que les pierres dans ton pays.

2

Les soldats sont couverts d'or et de soie, et ils passent leur temps dans toutes sortes de plaisirs. Quand tu auras gagné de l'argent à Venise, tu reviendras dans ton pays avec une veste galonnée d'or et des chaînes d'argent à ton hanzar (2).

3

Et alors, ô Dmitri ! quelle jeune fille ne s'empressera pas de t'appeler de sa fenêtre et de te jeter son bouquet quand tu auras accordé ta guzla ? Monte sur mer, crois-moi, et viens à la grande ville, tu y deviendras riche assurément.

1827 : Str. 1, Vas à cette grande ville.

4

Je l'ai cru, insensé que j'étais, et je suis venu dans ce grand navire de pierres ; mais l'air m'étouffe, et leur pain est un poison pour moi. Je ne puis aller où je veux, je ne puis faire ce que je veux ; je suis comme un chien à l'attache.

5

Les femmes se rient de moi quand je parle la langue de mon pays, et ici les gens de nos montagnes ont oublié la leur, aussi bien que nos vieilles coutumes : je suis un arbre transplanté en été, je sèche, je meurs.

6

Dans ma montagne, lorsque je rencontrais un homme, il me saluait en souriant, et me disait : Dieu soit avec toi, fils d'Alexis ! Mais ici je ne rencontre pas une figure amie, je suis comme une fourmi jetée par la brise au milieu d'un vaste étang.

1827 : Str. 5, je sèche et je meurs.
1827 · Str. 6, jetée par le vent.

NOTES

(1) La république de Venise entretenait à sa solde un corps de soldats nommés esclavons. Un ramassis de Morlaques, Dalmates, Albanais, composait cette troupe, très méprisée à Venise, ainsi que tout ce qui était militaire. Le sujet de cette ballade semble être un jeune Morlaque malheureux en amour, et qui s'est laissé enrôler dans un moment de dépit.

Ce chant est fort ancien, à en juger par quelques expressions maintenant hors d'usage, et dont peu de vieillards peuvent encore donner le sens. Au reste, rien n'est plus commun que d'entendre chanter à un joueur de guzla des paroles dont il lui serait impossible de donner une explication quelconque. Ils apprennent par cœur, fort jeunes, ce qu'ils ont entendu chanter à leur père et le répètent comme un perroquet redit sa leçon. Il est malheureusement bien rare aujourd'hui de trouver ces poëtes illyriens qui ne copient personne et qui s'efforcent de conserver une belle langue, dont l'usage diminue tous les jours.

(2) Grand couteau qui sert de poignard au besoin.

1827 : Note (1) l. 5 qui est militaire.
1827 : Note (1) l. 17 un perroquet sa leçon. l. 19 trouver des poëtes illyriens.

CHANT DE MORT (1)

1

Adieu, adieu, bon voyage ! Cette nuit la lune est dans son plein, on voit clair pour trouver son chemin. Bon voyage !

2

Une balle vaut mieux que la fièvre : libre tu as vécu, libre tu es mort. Ton fils Jean t'a vengé ; il en a tué cinq.

3

Nous les avons fait fuir depuis Tchaplissa jusqu'à la plaine ; pas un n'a regardé derrière son épaule pour nous voir encore une fois.

4

Adieu, adieu, bon voyage ! Cette nuit la lune est dans son plein, on voit clair à trouver son chemin. Bon voyage !

5

Dis à mon père que je me porte bien (2), que je ne me ressens plus de ma blessure et que ma femme Hélène est accouchée d'un garçon.

6

Je l'ai appelé Wladin comme lui. Quand il sera grand, je lui apprendrai à tirer le fusil, à se comporter comme doit le faire un brave.

7

Chrusich a enlevé ma fille aînée, et elle est grosse de six mois. J'espère qu'elle accouchera aussi d'un garçon beau et fort (3).

8

Twark a quitté le pays pour monter sur mer ; nous ne savons pas de ses nouvelles : peut-être le rencontreras-tu dans le pays où tu vas.

9

Tu as un sabre, une pipe et du tabac, avec un manteau de poil de chèvre (4) : en voilà bien assez pour faire un long voyage, où l'on n'a ni froid ni faim.

1827 : Str. 6, un brave guerrier.
1827 : Str. 8, monter sur la mer.

58

10

Adieu, adieu, bon voyage ! Cette nuit la lune est dans son plein, on voit clair pour trouver son chemin. Bon voyage !

NOTES

(1) Ce chant a été improvisé par Maglanovich, à l'enterrement d'un heiduque son parent, qui s'était brouillé avec la justice et fut tué par les pandours.

(2) Les parents et les amis du mort lui donnent toujours leurs commissions pour l'autre monde.

(3) Jamais un père ne se fâche contre celui qui enlève sa fille, bien entendu lorsque tout se fait sans violence. (Voy. note 1, *l'Amante de Dannisich.*)

(4) On enterre les heiduques avec leurs armes, leur pipe et les habits qu'ils portaient au moment de leur mort.

1827 : Note 1 les Pandours.

LE SEIGNEUR MERCURE

1

Les mécréants sont entrés dans notre pays pour enlever les femmes et les petits enfants. Les petits enfants, ils les mettent sur leurs selles devant eux ; les femmes, ils les portent en croupe, et tiennent un doigt de ces malheureuses entre leurs dents. (1)

2

Le seigneur Mercure a levé sa bannière : autour de lui se sont rangés ses trois neveux et ses treize cousins ; tous sont couverts d'armes brillantes, et sur leurs habits ils portent la Sainte Croix et des amulettes pour les préserver du malheur (2).

3

Quand le seigneur Mercure fut monté sur son cheval, il dit à sa femme Euphémie, qui lui tenait la bride : « Prends ce chapelet d'ambre ; si tu « m'es fidèle, il restera entier ; si tu m'es infi-« dèle, le fil cassera et les grains tomberont (3). »

1827 : Str. 2, de lui sont venus ses trois neveux.
1827 : Str. 3, ce collier d'ambre.

4

Et il est parti, et personne n'avait de ses nouvelles, et sa femme craignit qu'il ne fût mort ou que les Arnautes ne l'eussent emmené prisonnier dans leur pays. Mais, au bout de trois lunes, Spiridion Pietrovich est revenu.

5

Ses habits sont déchirés et souillés de sang, et il se frappait la poitrine. Il dit : « Mon cousin est « mort ; les mécréants nous ont surpris et ils ont « tué ton mari. J'ai vu un Arnaute lui couper la « tête : à grand'peine me suis-je sauvé. »

6

Alors Euphémie a poussé un grand cri, et elle s'est roulée par terre, déchirant ses habits. « Mais, « dit Spiridon, pourquoi tant. s'affliger, ne reste-« t-il pas au pays des hommes de bien ? » Et ce perfide l'a relevée et consolée.

7

Le chien de Mercure hurlait après son maître, et son cheval hennissait, mais sa femme Euphémie a séché ses larmes, et la même nuit elle a dormi avec le traître Spiridion. Nous laisserons cette fausse femme pour chanter son mari.

8

Le roi a dit au seigneur Mercure : « Va dans « mon château à Clissa (4), et dis à la reine qu'elle

1827 : Str. 8. Le Roi. — Vas dans mon château.

« vienne me trouver dans mon camp ». Et Mercure est parti, et il chevaucha sans s'arrêter trois jours et trois nuits.

9

Et quand il fut sur les bords du lac de Cettina, il dit à ses écuyers de dresser sa tente, et lui descendit vers le lac pour y boire. Et le lac était couvert d'une grosse vapeur, et l'on entendait des cris confus sortir de ce brouillard.

10

Et l'eau était agitée et bouillonnait comme le tourbillon de la Jemizza quand elle s'enfonce sous terre. Quand la lune se fut levée, le brouillard s'est dissipé, et voilà qu'une armée de petits nains à cheval (5) galopait sur le lac, comme s'il eût été glacé.

11

A mesure qu'ils touchaient le rivage, homme et cheval grandissaient jusqu'à devenir de la taille des montagnards de Douaré (6) ; et ils formaient des rangs et s'en allaient en bon ordre, chevauchant par la plaine et sautant de joie.

12

Et quelque fois ils devenaient gris comme le brouillard, et l'on voyait l'herbe au travers de leurs corps ; et d'autres fois leurs armes étincelaient, et ils semblaient tout de feu. Soudain un guerrier monté sur un coursier noir sortit des rangs.

13

Et quand il fut devant Mercure, il fit caracoler
son cheval et montrait qu'il voulait combattre
contre lui. Alors Mercure fit le signe de la croix, et,
piquant son bon cheval, il chargea le fantôme
bride abattue et la lance baissée.

14

Huit fois ils se rencontrèrent au milieu de leur
course, et leurs lances ployèrent sur leurs cui-
rasses comme des feuilles d'iris ; mais à chaque
rencontre le cheval de Mercure tombait sur les
genoux, car le cheval du fantôme était bien plus
fort.

15

« Mettons pied à terre, dit Mercure, et combat-
« tons encore une fois à pied. » Alors, le fantôme
sauta à bas de son cheval et courut contre le
brave Mercure ; mais il fut porté par terre du
premier choc malgré sa taille et sa grande force.

16

« Mercure, Mercure, Mercure, tu m'as vaincu !
« dit le fantôme. Pour ma rançon, je veux te
« donner un conseil : ne retourne pas dans ta
« maison, car tu y trouverais la mort. » La lune
s'est voilée, et le champion et l'armée ont disparu tout d'un coup.

1827 : Str. 13, combattre avec lui.
1827 : Str. 16, Mercure ! Mercure ! Mercure ! tu
m'as vaincu !

17

« Bien est fou qui s'attaque au diable, dit
« Mercure. J'ai vaincu un démon, et ce qui m'en
« revient, c'est un cheval couronné et une pré-
« diction de mauvais augure. Mais elle ne m'em-
« pêchera pas de revoir ma maison et ma chère
« femme Euphémie ».

18

Et la nuit, au clair de lune, il est arrivé au
cimetière de Poghosciami (7) ; il vit des prêtres et
des pleureuses avec un chiaous (8) auprès d'une
fosse nouvelle ; et près de la fosse était un homme
mort avec son sabre à son côté et un voile noir
sur sa tête.

19

Et Mercure arrêta son cheval : « Chiaous, dit-il,
« qui allez-vous enterrer en ce lieu ? » Et le
chiaous répondit : « Le seigneur Mercure, qui est
« mort aujourd'hui. » Mercure se prit à rire de
sa réponse ; mais la lune s'est voilée, et tout a
disparu.

20

Quand il arriva dans sa maison, il embrassa
sa femme Euphémie : « Euphémie, donne-moi ce
« chapelet que je t'ai confié avant de partir ; je
« m'en rapporte plus à ces grains d'ambre qu'aux
« serments d'une femme. » Euphémie dit : « Je
« vais te le donner. »

1827 : Str. 17, un cheval fourbu.
1827 : Str. 20, ce collier que je t'ai confié... plus
à ce collier d'ambre.

21

Or, le chapelet magique s'était rompu ; mai:
Euphémie en avait fait un autre tout semblabl
et empoisonné. — « Ce n'est pas là mon chapelet »
dit Mercure. — « Comptez bien tous les grains
« dit-elle ; vous savez qu'il y en avait soixante
« sept. »

22

Et Mercure comptait les grains avec ses doigt:
qu'il mouillait de temps en temps de sa salive, c
le poison subtil se glissait à travers sa peau
Quand il fut arrivé au soixante-sixième grain, i
poussa un grand soupir et tomba mort.

NOTES

(1) Cette manière barbare de conduire de
prisonniers est fort usitée, surtout par les Arnaute:
dans leurs surprises. Au moindre cri de leur vic
time, ils lui coupent le doigt avec les dents
D'après cette circonstance et quelques autres d
même genre, je suppose que l'auteur de la bal
lade fait allusion à une guerre des anciens rois d
Bosnie contre les musulmans.

(2) Ce sont, en général, des bandes de papie
contenant plusieurs passages de l'Evangile, mêlé
avec des caractères bizarres et enveloppés dans ur

1827 : Str. 21, le collier magique ; mon collie:
1827 : Note (1) contre les Musulmans.

bourse de cuir rouge. Les Morlaques appellent *zapis* ces talismans, auxquels ils ont grande confiance.

(3) On voit à chaque instant des preuves du mépris que les Illyriens ont pour leurs femmes.

(4) Clissa a été souvent la résidence des rois de Bosnie, qui possédaient aussi une grande partie de la Dalmatie.

(5) Les histoires d'armées de fantômes sont fort communes dans l'Orient. Tout le monde sait comment une nuit la ville de Prague fut assiégée par des spectres qu'un certain savant mit en fuite en criant : *Vézelé ! Vézelé !*

(6) Ils sont remarquables par leur haute stature

(7) Sans doute que la maison du seigneur Mercure était dans ce village.

(8) Ce mot est emprunté, je crois, à la langue turque : il signifie maître des cérémonies.

1827 : Note (2) *Zapiz.*
1827 : Note (3) de nouvelles preuves.

LES BRAVES HEIDUQUES (1)

Dans une caverne, couché sur des cailloux aigus,
est un brave heiduque, Christich Mladin. A côté
de lui est sa femme, la belle Catherine ; à ses pieds
ses deux braves fils. Depuis trois jours ils sont
dans cette caverne sans manger, car leurs ennemis
gardent tous les passages de la montagne, et, s'ils
lèvent la tête, cent fusils se dirigent contre eux. Ils
ont tellement soif que leur langue est noire et
gonflée, car ils n'ont pour boire qu'un peu d'eau
croupie dans le creux d'un rocher. Cependant pas
un n'a osé faire entendre une plainte (2), car ils
craignaient de déplaire à Christich Mladin. Quand
trois jours furent écoulés, Catherine s'écria : « Que
« la Sainte Vierge ait pitié de vous, et qu'elle vous
« venge de vos ennemis ! » Alors elle a poussé un
soupir, et elle est morte. Christich Mladin a regardé
le cadavre d'un œil sec ; mais ses deux fils
essuyaient leurs larmes quand leur père ne les
regardait pas. Le quatrième jour est venu, et le
soleil a tari l'eau croupie dans le creux du rocher.
Alors Christich, l'aîné des fils de Mladin, est devenu
fou : il a tiré son hanzar (3), et il regardait le
cadavre de sa mère avec des yeux comme ceux

1827 : Les braves Heyduques.
1827 : l. 2, heyduque.

d'un loup qui voit un agneau. Alexandre, son frère
cadet, eut horreur de lui. Il a tiré son hanzar et
s'est percé le bras : « Bois mon sang, Christich, et
« ne commets pas un crime (4). Quand nous serons
« tous morts de faim, nous reviendrons sucer le
« sang de nos ennemis. » Mladin s'est levé, il s'est
écrié : « Enfants, debout ! mieux vaut une belle
« balle que l'agonie de la faim. » Ils sont descendus
tous les trois comme des loups enragés. Chacun a
tué dix hommes, chacun a reçu dix balles dans la
poitrine. Nos lâches ennemis leur ont coupé la tête,
et, quand ils la portaient en triomphe, ils osaient
à peine la regarder, tant ils craignaient Christich
Mladin et ses fils (5).

NOTES

(1) On dit que Hyacinthe Maglanovich a fait
cette belle ballade dans le temps où il menait lui-
même la vie d'un heiduque, c'est-à-dire, à peu de
chose près, la vie d'un voleur de grand chemin.

(2) Les heiduques souffrent la douleur avec
encore plus de courage que les Morlaques même.
J'ai vu mourir un jeune homme qui, s'étant laissé
tomber du haut d'un rocher, avait eu les jambes et
les cuisses fracturées en cinq ou six endroits. Pendant trois jours d'agonie, il ne proféra pas une
seule plainte ; seulement lorsqu'une vieille femme
qui avait, disait-on, des connaissances en chirurgie,
voulut soulever ses membres brisés pour y appli-
quer je ne sais quelle drogue, je vis ses poings se
contracter, et ses sourcils épais se rapprocher d'une
manière effrayante.

1827 : l. 21 d'un loup auprès d'un agneau.
1827 : Note (2), les Morlaques mêmes.

(3) Grand couteau que les Morlaques ont toujours dans leur ceinture.

(4) Ce mot rappelle celui de l'écuyer Breton au combat des Trente : « Bois ton sang, Beaumanoir ! »

(5) Les soldats qui font la guerre aux heiduques sont nommés pandours. Leur réputation n'est guère meilleure que celle des brigands qu'ils poursuivent; car on les accuse de détrousser souvent les voyageurs qu'ils sont chargés de protéger. Ils sont fort méprisés dans le pays à cause de leur lâcheté. Souvent dix ou douze heiduques se sont fait jour au travers d'une centaine de pandours. Il est vrai que la faim que ces malheureux endurent fréquemment est un aiguillon puissant pour exciter leur courage.

Lorsque les pandours ont fait un prisonnier, ils le conduisent d'une manière assez singulière. Après lui avoir ôté ses armes, ils se contentent de couper le cordon qui attache sa culotte, et la lui laissent pendre sur les jarrets. On sent que le pauvre heiduque est obligé de marcher très-lentement, de peur de tomber sur le nez.

1825 : Note (5), nommés Pandours.

L'AMANTE DE DANNISICH

1

Eusèbe m'a donné une bague d'or ciselée (1) : Wlodimer m'a donné une toque rouge (2) ornée de médailles ; mais, Dannisich, je t'aime mieux qu'eux tous.

2

Eusèbe a les cheveux noirs et bouclés ; Wlodimer a le teint blanc comme une jeune femme des montagnes ; mais, Dannisich, je te trouve plus beau qu'eux tous.

3

Eusèbe m'a embrassée, et j'ai souri ; Wlodimer m'a embrassée, il avait l'haleine douce comme la violette ; quand Dannisich m'embrasse (3), mon cœur tressaille de plaisir.

4

Eusèbe sait beaucoup de vieilles chansons ; Wlodimer sait faire résonner la guzla. J'aime les chansons et la guzla, mais les chansons et la guzla de Dannisich.

5

Eusèbe a chargé son parrain de me demander
en mariage ; Wlodimer enverra demain le prêtre
à mon père (4) ; mais viens sous ma fenêtre,
Dannisich, et je m'enfuirai avec toi.

NOTES .

(1) Avant de se marier, les femmes reçoivent
des cadeaux de toutes les mains sans que cela tire
à conséquence. Souvent une fille a cinq ou six ado-
rateurs, de qui elle tire chaque jour quelque pre-
sent, sans être obligée de leur donner rien autre
que des espérances. Quand ce manége a duré ainsi
quelque temps, l'amant préféré demande à sa belle
la permission de l'enlever, et elle indique toujours l'heure et le lieu de l'enlèvement. Au reste,
la réputation d'une fille n'en souffre pas du tout,
et c'est de cette manière que se font la moitié
des mariages morlaques.

(2) Une toque rouge est pour les femmes un in-
signe de virginité. Une fille qui aurait fait un
faux pas, et qui oserait paraître en public avec
sa toque rouge, risquerait de se la voir arracher
par un prêtre, et d'avoir ensuite les cheveux coupés
par un de ses parents en signe d'infamie.

(3) C'est la manière de saluer la plus ordinaire.
Quand une jeune fille rencontre un homme qu'elle
a vu une fois, elle l'embrasse en l'abordant.

1827: Note (1) de toutes mains; du tout pour
cela, et c'est... se fait la moitié.

Si vous demandez l'hospitalité à la porte d'une maison, la femme ou la fille aînée du propriétaire vient vous tenir la bride du cheval, et vous embrasse aussitôt que vous avez mis pied à terre. Cette réception est très agréable de la part d'une jeune fille, mais d'une femme mariée elle a ses désagréments. Il faut savoir que, sans doute par excès de modestie et par mépris pour le monde, une femme mariée ne se lave presque jamais la figure ; aussi toutes sont-elles d'une malpropreté hideuse.

(4) Sans doute pour la demander aussi en mariage.

1827 : Note (3) ou par mépris pour le monde.

LA BELLE HELENE

PREMIERE PARTIE

1

Asseyez-vous autour de Jean Bietko, vous tous qui voulez savoir l'histoire lamentable de la belle Hélène et de Théodore Khonopka, son mari. Jean Bietko est le meilleur joueur de guzla que vous ayez entendu et que vous entendrez jamais.

2

Théodore Khonopka était un hardi chasseur du temps de mon grand-père, de qui je tiens cette histoire. Il épousa la belle Hélène, qui le préféra à Piero Stamati (1), parce que Théodore était beau et que Piero était laid et méchant.

3

Piero Stamati s'en est venu un jour à la maison de Théodore Khonopka : « Hélène, est-il vrai que « votre mari est parti pour Venise et qu'il doit y « rester un an ? » — « Il est vrai, et j'en suis tout « affligée, parce que je vais rester seule dans cette « grande maison. » —

4

« Ne pleurez pas, Hélène, de rester seule à la mai-
« son. Il viendra quelqu'un pour vous tenir com-
« pagnie. Laissez-moi dormir avec vous, et je vous
« donnerai une grosse poignée de beaux sequins
« luisants, que vous attacherez à vos cheveux, qui
« sont si noirs. » —

5

« Arrière de moi, méchant !..................
« ....? » — « Mais, dit le
« méchant Stamati, laissez-moi dormir avec vous,
« et je vous donnerai une robe de velours avec au-
« tant de sequins qu'il en peut tenir dans le fond
« de mon bonnet. » —

6

« Arrière de moi, méchant ! Ou je dirai ta per-
« fidie à mes frères qui te feront mourir. ».......
.   .   .   .
Or, Stamati était un petit vieillard camus et
rabougri, et Hélène était grande et forte.

7

Bien lui prit d'être grande et forte............
.   .   .   .
Stamati est tombé sur le dos, et il est rentré
dans sa maison pleurant, les genoux à demi ployés
et chancelant...............................

8

Il est allé trouver un juif impie, et lui a demandé
comment il se vengerait d'Hélène. Le juif lui a

1827 : Str. 8 d'Hélène ?

dit : « Cherche sous la pierre d'une tombe jusqu'à
« ce que tu trouves un crapaud noir (2) ; alors tu
« me l'apporteras dans un pot de terre. »

9

Il lui apporta un crapaud noir trouvé sous la
pierre d'une tombe, et il lui a versé de l'eau sur
la tête et a nommé cette bête Jean. C'était un bien
grand crime de donner à un crapaud noir le nom
d'un si grand apôtre !

10

Alors ils ont lardé le crapaud avec la pointe de
leurs yatagans jusqu'à ce qu'un venin subtil sortit
de toutes les piqûres ; et ils ont recueilli ce venin
dans une fiole et l'on fait boire au crapaud. Ensuite ils lui ont fait lécher un beau fruit.

11

Et Stamati a dit à un jeune garçon qui le sui-
vait : « Porte ce fruit à la belle Hélène, et dis-lui
« que ma femme le lui envoie. » Le jeune garçon a
porté le beau fruit, comme on le lui avait dit, et
la belle Hélène l'a mangé tout entier avec une
grande avidité.

12

Quand elle eut mangé ce fruit, qui avait une si
belle couleur, elle se sentit toute troublée, et il
lui sembla qu'un serpent remuait dans son ventre.

1827 : Str. 10 ataghans... sortit de toutes les piqûres... phiole.
1827 : Str. 11 Porte ce beau fruit.

Que ceux qui veulent connaître la fin de cette histoire donnent quelque chose à Jean Bietko.

———

DEUXIEME PARTIE

1

Quand la belle Hélène eut mangé ce fruit, elle fit le signe de la croix, mais elle n'en sentit pas moins quelque chose qui s'agitait dans son ventre. Elle appela sa sœur, qui lui dit de boire du lait ; mais elle sentait toujours comme un serpent.

2

Voilà que son ventre a commencé à gonfler peu à peu, tous les jours davantage ; si bien que les femmes disaient : « Hélène est grosse ; mais com-« ment cela se fait-il ? Car son mari est absent. Il « est allé à Venise il y a plus de dix mois. »

3

Et la belle Hélène était toute honteuse et n'osait lever la tête, encore moins sortir dans la rue. Mais elle restait assise et pleurait tout le long du jour et toute la nuit encore. Et elle disait à sa sœur : « Que deviendrai-je quand mon mari revien-dra ? »

———

1827 : Str. 2 se fait-il, car.... absent ?

4

Quand son voyage eut duré un an, Théodore Khonopka pensa à revenir. Il monta sur une galère bien dorée, et il est revenu heureusement dans son pays. Ses voisins et ses amis sont venus à sa rencontre, vêtus de leurs plus beaux habits.

5

Mais il eut beau regarder dans la foule, il ne vit pas la belle Hélène, et alors il demanda : « Qu'est « devenue la belle Hélène, ma femme ? pourquoi « n'est-elle pas ici ? » Ses voisins se prirent à sourire ; ses amis rougirent ; mais pas un ne répondit (3).

6

Quand il est entré dans sa maison, il a trouvé sa femme assise sur un coussin. « Levez-vous, « Hélène. » Elle s'est levée, et il a vu son ventre qui était si gros. « Qu'est-ce cela ? il y a plus d'un an, « Hélène, que je n'ai dormi avec vous ? » —

7

« Mon Seigneur, je vous le jure par le nom de « la bienheureuse vierge Marie, je vous suis restée « fidèle ; mais on m'a jeté un sort qui m'a fait « enfler le ventre. » Mais il ne l'a point crue, il a tiré son sabre et lui a coupé la tête d'un seul coup.

1827 : Str. 7 et il a tiré.

8

Lorsqu'elle eut la tête coupée, il dit : « Cet
« enfant qui est dans son sein perfide n'est point
« coupable : je veux le tirer de son sein et l'élever.
« Je verrai à qui il ressemble, et ainsi je connaîtrai
« quel est le traître qui est son père, et je le
« tuerai. »

8 (variante) (4).

(Lorsqu'elle eut la tête coupée il dit : « Je veux
« tirer l'enfant de son sein perfide et l'exposer dans
« le pays, comme pour le faire mourir. Alors son
« père viendra le chercher, et par ce moyen je re-
« connaîtrai le traître qui est son père, et je le
« tuerai. »)

9

Il a ouvert son beau sein si blanc, et voilà
qu'au lieu d'un enfant il n'a trouvé qu'un crapaud noir. « Hélas ! hélas ! qu'ai-je fait ? dit-il.
« J'ai tué la belle Hélène, qui ne m'avait point
« trahi ; mais on lui avait jeté un sort avec un
crapaud ! »

10

Il a ramassé la tête de sa chère femme et l'a
baisée. Soudain cette tête froide a rouvert les yeux,
ses lèvres ont tremblé, et elle a dit : « Je suis inno-
« cente, mais des enchanteurs m'ont ensorcelée par
« vengeance avec un crapaud noir.

1827 : Str. 8 Je veux le tirer de...

11

« Parce que je suis restée fidèle, Piero Stamati
« m'a jeté un sort, aidé par un méchant juif qui
« habite dans la vallée des tombeaux. » Alors la
tête a fermé les yeux, sa langue s'est glacée, et
jamais elle ne reparla.

12

Théodore Khonopka a cherché Piero Stamati et
lui a coupé la tête. Il a tué aussi le méchant juif,
et il a fait dire trente messes pour le repos de
l'âme de sa femme. Que Dieu lui fasse méséri-
corde et à toute la compagnie !

NOTES

(1) Ce nom est italien. Les Morlaques aiment
beaucoup dans leurs contes à faire jouer aux Italiens un rôle odieux. *Pasa vjerro*, foi de chien, et
lantzmantzka vjerro, foi d'Italien, sont deux injures synonymes.

(2) C'est une croyance populaire de tous les pays
que le crapaud est un animal venimeux. On voit
dans l'histoire d'Angleterre qu'un roi fut empoisonné par un moine avec de l'ale dans laquelle
il avait noyé un crapaud.

(3) Ce passage est remarquable par sa simplicité
et sa concision énergique.

(4) J'ai entendu chanter cette ballade de ces deux
manières.

1827 : Str. 11 je te suis restée fidèle.
1827 : Note (1) dans leurs contes *manque ;*
lantzmantzka. 1847 Lantzmaniska, *éd. postér.* vjera

SUR LE MAUVAIS ŒIL

Introduction

C'est une croyance fort répandue dans le Levant, et surtout en Dalmatie, que certaines personnes ont le pouvoir de jeter un sort par leurs regards. L'influence que le mauvais œil peut exercer sur un individu est très-grande. Ce n'est rien que de perdre au jeu ou de se heurter contre une pierre dans les chemins ; souvent le malheureux fasciné s'évanouit, tombe malade et meurt étique en peu de temps. J'ai vu deux fois des victimes du mauvais œil. Dans la vallée de Knin, une jeune fille est abordée par un homme du pays qui lui demande le chemin. Elle le regarde, pousse un cri et tombe par terre sans connaissance. L'étranger prit la fuite. J'étais à quelque distance, et, croyant d'abord qu'il avait assassiné la jeune fille, je courus à son secours avec mon guide. La pauvre enfant revint bientôt à elle, et nous dit que l'homme qui lui avait parlé avait le mauvais œil et qu'elle était fascinée. Elle nous pria de l'accompagner chez un prêtre, qui lui fit baiser certaines reliques et pendit à son cou un papier contenant quelques mots bizarres et enveloppé dans de la soie. La jeune fille alors reprit courage ; et deux jours après, quand je continuai mon voyage, elle était en parfaite santé.

Une autre fois, au village de Poghoschiamy, je

vis un jeune homme de vingt-cinq ans pâlir et tomber par terre de frayeur devant un heiduque très-âgé qui le regardait. On me dit qu'il était sous l'influence du mauvais œil, mais que ce n'était pas la faute de l'heiduque (1), qui tenait son mauvais œil de la nature, et qui même était fort chagrin de posséder ce redoutable pouvoir. Je voulus faire sur moi-même une expérience : je parlai à l'heiduque (2) et le priai de me regarder quelque temps ; mais il s'y refusa toujours, et parut tellement affligé de ma demande, que je fus forcé d'y renoncer. La figure de cet homme était repoussante et ses yeux étaient très-gros et saillants. En général il les tenait baissés ; mais quand, par distraction, il les fixait sur quelqu'un, il lui était impossible, m'a-t-on dit, de les détourner avant que sa victime ne fût tombée. Le jeune homme qui s'était évanoui l'avait regardé aussi fixément en ouvrant les yeux d'une manière hideuse et montrant tous les signes de la frayeur.

J'ai entendu aussi parler de gens qui avaient deux prunelles dans un œil, et c'étaient les plus redoutables, selon l'opinion des bonnes femmes qui me faisaient ce conte.

Il y a différents moyens, presque tous insuffisants, de se préserver du mauvais œil. Les uns portent sur eux des cornes d'animaux, les autres, des morceaux de corail, qu'ils dirigent contre toute personne suspecte du mauvais œil.

On dit aussi qu'au moment où l'on s'aperçoit que le mauvais œil vous regarde, il faut toucher du fer ou bien jeter du café à la tête de celui qui vous fascine. Quelquefois un coup de pistolet tiré en l'air brise le charme fatal.

1827 : 1) du Heyduque.
1827 : 2) au Heyduque.

Souvent des Morlaques ont pris un moyen plus
sûr, c'est de diriger leur pistolet contre l'enchan-
teur prétendu.

Un autre moyen de jeter un sort consiste à louer
beaucoup une personne ou une chose. Tout le
monde n'a pas non plus cette faculté dangereuse,
et elle ne s'exerce pas toujours volontairement.

Il n'est personne ayant voyagé en Dalmatie ou
en Bosnie qui ne se soit trouvé dans la même
position que moi. Dans un village sur la Trebi-
gnizza, dont j'ai oublié le nom, je vis un joli
petit enfant qui jouait sur l'herbe devant une
maison. Je le caressai et je complimentai sa mère,
qui me regardait. Elle parut assez peu touchée (1)
de ma politesse et me pria sérieusement de cracher
au front de son enfant. J'ignorais encore que ce
fût le moyen (2) de détruire l'enchantement pro-
duit par des louanges (3). Très-étonné, je refusais
obstinément, et la mère appelait son mari pour
m'y contraindre le pistolet sur la gorge, quand
mon guide, jeune heiduque, me dit : « Monsieur,
je vous ai toujours vu bon et honnête ; pourquoi
ne voulez-vous pas défaire un enchantement que,
j'en suis sûr, vous avez fait sans le vouloir ? »
Je compris la cause de l'obstination de la mère,
et je me hâtai de la satisfaire.

En résumé, pour l'intelligence de la ballade suivante ainsi que de plusieurs autres, il faut croire
que certaines personnes ensorcellent par leurs regards, que d'autres ensorcellent par leurs paroles,
que cette faculté nuisible se transmet de père en
fils ; enfin, que ceux qui sont fascinés de cette

1827 : 1) flattée de ma politesse.
1827 : 2) ce fût là un moyen.
1827 : 3) par des paroles.

manière, surtout les enfants et les femmes, sèchent et meurent en peu de temps (4).

[Voici un extrait des idées de Jean-Baptiste Porta sur ce sujet :

« Isigone et Memphrodore disent qu'il y a en
« Afrique certaines familles qui ensorcellent par
« la voix et par la langue. Si elles admirent ou
« louent de beaux arbres, de beaux blés, de beaux
« enfans, de beaux chevaux et du bétail en bon
« point, toutes ces choses sèchent ou amaigrissent
« et meurent incontinent, sans qu'il y ait aucune
« autre cause ; ce que Solin même a écrit. Le
« même Isigone dit que les Triballiens et les
« Illyriens ou Sclavons en ont de même, qui ont
« deux prunelles aux yeux et qui ensorcellent mor-
« tellement ceux-là qu'ils regardent, de manière
« qu'ils tuent ceux qu'ils regardent un long temps.
« Ces sorciers-là, étant fâchés et offensés, ont la
« vue tant nuisible, que les jeunes adolescens
« principalement en reçoivent et sentent le dom-
« mage. Appolonides Philarque dit que cette sorte
« de femmes est en Scythie, et qu'on les appelle
« *Bithiae*. En Ponte il y a une autre race de
« Thibiens, et plusieurs autres de même nature,
« lesquels on remarque par la double prunelle
« en l'un des yeux et par la figure d'un cheval
« qu'ils ont en l'autre : de quoi Didymus aussi
« a fait mention. Damon a aussi parlé d'un venin
« presque semblable qui se trouve en Ethiopie,
« dont la liqueur rend les corps qu'elle touche
« secs et arides, et appert que toutes les femmes
« qui ont la double prunelle ensorcellent par la
« vue. Cicéron en écrit aussi, et Plutarque et Phi-
« larque, et disent que les peuples qui habitent le

---

(4) La citation suivante manque dans l'édition de 1847.

Pont Paléthéobère ensorcellent mortellement et
empoisonnent non-seulement les petits qui sont
faibles et débiles, mais aussi les grands qui sont
de corps plus ferme et solide ; non-seulement ceux
qui sont ordinairement avec eux, mais les étrangers et ceux qui n'ont aucun commerce avec
eux, tant est grande la force de la vue, et com-
bien que la sorcellerie se fasse par le toucher
et mesler, elle se parfait toutefois bien souvent par les yeux, comme une certaine exter-
mination et envoi d'esprit coulant par les yeux
au cœur de l'ensorcelé, qui l'infecte du tout. Car
il advient que l'adolescent qui a un sang subtil,
clair chaud et doux, donne tels esprits, vu qu'ils
sortent de la chaleur du cœur, et sang le plus
pur, parce qu'étant très-légers ils parviennent en
la plus haute partie du corps et sortent et
sont dardés par les yeux, qui sont pleins de
petits trous et veines, et sont plus nets
que partie qui soit : et avec cet esprit, par
rayons, est mise dehors une certaine vertu ignée,
de manière que ceux qui regardent les yeux
rouges et chassieux, sont contraints d'avoir une
même maladie ; ce qui m'est advenu et m'a
causé dommage ; car il infecte l'air, lequel in-
fect vient à infecter l'autre, ainsi le plus près
des yeux emportant avec soi la vapeur du
sang corrompu par la contagion de laquelle les
yeux reçoivent semblable rougeur. Le loup ôte
ainsi la voix, le basilic la vie, lequel jette
le venin par le regard et darde de ces rayons un
coup vénimeux, que si on lui présente un miroir,
le venin qu'il darde par ses yeux est rejeté à
celui qui l'avait jeté, par la réflexion. (*Jean-
Baptiste Porta.*) »]

———————

MAXIME ET ZOÉ (1).

Par Hyacinthe Maglanovich.

1

O Maxime Duban ! ô Zoé, fille de Jellavich ! que la sainte mère de Dieu récompense votre amour ! Puissiez-vous être heureux dans le ciel !

2

Quand le soleil s'est couché dans la mer, quand le voïvode s'est endormi, alors on entend une douce guzla sous la fenêtre de la belle Zoé, la fille aînée de Jellavich.

3

Et vite la belle Zoé se lève sur la pointe du pied, et elle ouvre sa fenêtre, et un grand jeune homme est assis par terre qui soupire et qui chante son amour sur la guzla.

1827 : Str. 1 Oh Maxime... Oh Zoé.
1827 : Str. 2 voivode.
1827 : Str. 3 vîte.

4

Et les nuits les plus noires sont celles qu'il pré-
fère ; et, quand la lune est dans son plein, il se
cache dans l'ombre, et l'œil seul de Zoé peut le dé-
couvrir sous sa pelisse d'agneaux noirs.

5

Et quel est ce jeune homme à la voix si douce ?
qui peut le dire ? Il est venu de loin ; mais il
parle notre langue : personne ne le connaît, et
Zoé seule sait son nom.

6

Mais ni Zoé ni personne n'a vu son visage ; car,
quand vient l'aurore, il met son fusil sur son
épaule, et s'enfonce dans les bois, à la pour-
suite des bêtes fauves.

7

Et toujours il rapporte des cornes du petit bouc
de montagne, et il dit à Zoé : « Porte ces cornes
« avec toi, et puisse Marie te préserver du mauvais
« œil ! »

8

Il s'enveloppe la tête d'un châle comme un Arnaute (2), et le voyageur égaré qui le rencontre
dans les bois n'a jamais pu connaître son visage
sous les nombreux plis de la mousseline dorée.

1827 : Str. 6 et il s'enfonce.
1827 : St. 8 d'un schall.

9

Mais une nuit Zoé dit : « Approche, que ma
« main te touche. » Et elle a touché son visage de
sa main blanche ; et, quand elle se touchait elle-
même, elle ne sentait pas des traits plus beaux.

10

Alors elle dit : « Les jeunes gens de ce pays
« m'ennuient ; ils me recherchent tous ; mais je
« n'aime que toi seul : viens demain à midi, pen-
« dant qu'ils seront tous à la messe. »

11

« Je monterai en croupe sur ton cheval, et tu
« m'emmèneras dans ton pays, pour que je sois ta
« femme : il y a bien longtemps que je porte des
« *opanke* ; je veux avoir des pantoufles bro-
« dées. (3) »

12

Le jeune joueur de guzla a soupiré, il a dit :
« Que demandes-tu ? je ne puis te voir le jour,
« mais descends cette nuit même, et je t'emmè-
« nerai avec moi dans la belle vallée de Knin : là
« nous serons époux. »

13

Et elle dit : « Non, je veux que tu m'emmènes
« demain, car je veux emporter mes beaux habits,
« et mon père a la clef du coffre. Je la déroberai
« demain, et puis je viendrai avec toi. »

14

Alors il a soupiré encore une fois, et il dit :
« Ainsi que tu le désires, il sera fait. » Puis il
l'a embrassée ; mais les coqs ont chanté, et le
ciel est devenu rose, et l'étranger s'en est allé.

15

Et quand est venue l'heure de midi, il est arrivé
à la porte du voïvode, monté sur un coursier blanc
comme lait ; et sur la croupe était un coussin de
velours, pour porter plus doucement la gentille
Zoé.

16

Mais l'étranger a le front couvert d'un voile
épais ; à peine lui voit-on la bouche et la moustache. Et ses habits étincellent d'or, et sa ceinture
est brodée de perles (4).

17

Et la belle Zoé a sauté lestement en croupe, et
le coursier blanc comme lait a henni, orgueil-
leux de sa charge, et il galopait laissant derrière
lui des tourbillons de poussière.

18

« Zoé, dis-moi, as-tu emporté cette belle corne
« que je t'ai donnée ? » — « Non, dit-elle, qu'ai-je
« à faire de ces bagatelles ? J'emporte mes habits
« dorés et mes colliers et mes médailles. » —

19

« Zoé, dis-moi, as-tu emporté cette belle relique
« que je t'ai donnée ? » — « Non, dit-elle, je l'ai
« pendue au cou de mon petit frère, qui est ma-
« lade, afin qu'il guérisse de son mal. »

20

Et l'étranger soupirait tristement. « Maintenant
« que nous sommes loin de ma maison, dit la
« belle Zoé, arrête ton beau cheval, ôte ce voile
« et laisse-moi t'embrasser, cher Maxime. (5) »

21

Mais il dit : « Cette nuit nous serons plus com-
« modément dans ma maison : il y a des cous-
« sins de satin ; cette nuit nous reposerons en-
« semble sous des rideaux de damas. » —

22

« Eh quoi ! dit la belle Zoé, est-ce là l'amour
« que tu as pour moi ? Pourquoi ne pas tourner
« la tête de mon côté ? pourquoi me traites-tu
« avec tant de dédain ? Ne suis-je pas la plus belle
« fille du pays ? » —

23

« Oh ! Zoé, dit-il, quelqu'un pourrait passer et
« nous voir, et tes frères courraient après nous et
« nous ramèneraient à ton père ». Et parlant
ainsi il pressait son coursier de son fouet.

1827 : str. 22, fille de mon pays ?

24

« Arrête, arrête, ô Maxime ! dit-elle, je vois
« bien que tu ne m'aimes pas : si tu ne te
« retournes pour me regarder, je vais sauter du
« cheval, dussé-je me tuer en tombant. »

25

Alors l'étranger d'une main arrêta son cheval, et
de l'autre il jeta par terre son voile ; puis il se
retourna pour embrasser la belle Zoé : Sainte
Vierge ! il avait deux prunelles dans chaque
œil ! (6)

26

Et mortel, mortel était son regard ! Avant que
ses lèvres eussent touché celles de la belle Zoé,
la jeune fille pencha la tête sur son épaule, et elle
tomba de cheval pâle et sans vie.

27

« Maudit soit mon père ! s'écria Maxime Duban,
« qui m'a donné cet œil funeste. (7) Je ne veux
« plus causer de maux ! » Et aussitôt il s'arracha
les yeux avec son hanzar.

28

Et il fit enterrer avec pompe la belle Zoé ; et,
pour lui, il entra dans un cloître, mais il n'y vécut
pas longtemps, car bientôt on rouvrit le tombeau
de la belle Zoé pour placer Maxime à côté d'elle.

NOTES

(1) Cette ballade peut donner une idée du goût moderne. On y voit un commencement d'afféterie qui se mêle déjà à la simplicité des anciennes poésies illyriques. Au reste, elle est fort admirée, et passe pour une des meilleures de Maglanovich. Peut-être faut-il tenir compte du goût excessif des Morlaques pour tout ce qui sent le merveilleux.

(2) En hiver, les Arnautes s'enveloppent les oreilles, les joues et la plus grande partie du front avec un châle tourné autour de la tête et qui passe par-dessous le menton.

(3) Allusion à la coutume qui oblige les filles à porter cette espèce de chaussure grossière avant leur mariage. Plus tard elles peuvent avoir des pantoufles (pachmak), comme celles des femmes turques.

(4) C'est dans cette partie de l'habillement que les hommes mettent surtout un grand luxe.

(5) On voit ici comment la fable d'Orphée et d'Eurydice a été travestie par le poëte illyrien, qui, j'en suis sûr, n'a jamais lu Virgile.

(6) C'est un signe assuré du mauvais œil.

(7) Il faut se rappeler que cet œil funeste est souvent héréditaire dans une famille.

1827 : Note 1, un commencement de prétention.

LE MAUVAIS ŒIL (1)

Dors, pauvre enfant, dors tranquille ; puisse Saint Eusèbe avoir pitié de toi !

1

Maudit étranger ! puisses-tu périr sous la dent des ours ! puisse ta femme t'être infidèle !
Dors, etc.

2

Avec des paroles flatteuses il vantait la beauté de mon enfant ; il a passé la main sur ses cheveux blonds.
Dors, etc.

3

Beaux yeux bleus, disait-il, bleus comme un ciel d'été ; et ses yeux gris se sont fixés sur les siens.
Dors, etc.

4

Heureuse la mère de cet enfant, disait-il, heureux le père ; et il voulait leur ôter leur enfant.
Dors, etc.

1827 : str. 1, Saint-Eusèbe.

5

Et par des paroles caressantes il a fasciné le
pauvre garçon, qui maigrit tous les jours.
Dors, etc.

6

Ses yeux bleus, qu'il vantait, sont devenus
ternes par l'effet de ses paroles magiques.
Dors, etc.

7

Ses cheveux blonds sont devenus blancs comme
ceux d'un vieillard, tant les enchantements étaient
forts.
Dors, etc.

8

Ah ! si ce maudit étranger était en ma puis-
sance, je l'obligerais à cracher sur ton joli front.
Dors, etc.

9

Courage, enfant, ton oncle est allé à Starigrad ;
il rapportera de la terre du tombeau du saint.
Dors, etc.
Et l'évêque, mon cousin, m'a donné une relique
que je vais pendre à ton cou pour te guérir.
Dors, etc.

1827: Ajoute la Note 1: « Voir l'introduction,
page 91 ».

LA FLAMME DE PERRUSSICH

Par Hyacinthe Maglanovich

1

Pourquoi le bey Janco Marnavich n'est-il jamais dans son pays ? Pourquoi voyage-t-il dans les âpres montagnes de Vergoraz, ne couchant jamais deux nuits sous le même toit? Ses ennemis le poursuivent-ils et ont-ils juré que le prix du sang ne serait jamais reçu ?

2 •

Non. Le bey Janco est riche et puissant. Personne n'oserait se dire son ennemi, car à sa voix plus de deux cents sabres sortiraient du fourreau. Mais il cherche les lieux déserts et se plaît dans les cavernes qu'habitent les heiduques, car son cœur est livré à la tristesse depuis que son pobratime (1) est mort.

3

Cyrille Pervan est mort au milieu d'une fête. L'eau-de-vie a coulé à grands flots, et les hommes sont devenus fous. Une dispute s'est élevée entre deux beys de renom, et le bey Janco Marnavich a tiré son pistolet sur son ennemi ; mais l'eau de vie a fait trembler sa main, et il a tué son pobratime Cyrille Pervan.

4

Dans l'église de Perrussich ils s'étaient juré de vivre et de mourir ensemble ; mais, deux mois après ce serment juré, l'un des pobratimi est mort par la main de son frère. Le bey Janco depuis ce jour ne boit plus de vin ni d'eau-de-vie ; il ne mange que des racines, et il court, çà et là comme un bœuf effrayé du taon.

5

Enfin, il est revenu dans son pays et il est entré dans l'église de Perrussich : là, pendant tout un jour, il a prié, étendu, les bras en croix sur le pavé, et versant des larmes amères. Mais, quand la nuit est venue, il est retourné dans sa maison, et il semblait plus calme, et il a soupé, servi par sa femme et ses enfants.

6

Et quand il se fut couché, il appela sa femme et lui dit : « De la montagne de Pristeg, peux-tu « voir l'église de Perrussich ? » Et elle regarda à la fenêtre et dit : « La Morpolazza est couverte de « brouillard, et je ne puis rien voir de l'autre côté. » Et le bey Janco dit: « Bon, recouche-toi près « de moi. » Et il pria dans son lit pour l'âme de Cyrille Pervan.

1827 : Str. 4 après avoir prêté ce serment, l'un...

7

Et quand il eut prié, il dit à sa femme : « Ouvre
« la fenêtre et regarde du côté de Perrussich.» Aussitôt sa femme s'est levée et elle dit : « De l'autre
« côté de la Morpolazza, au milieu du brouillard,
« je vois une lumière pâle et termblotante. » Alors
le bey a souri, et il dit : « Bon, recouche-toi. »
Et il prit son chapelet et il se remit à prier.

8

Quand il eut dit son chapelet, il appela sa
femme et lui dit : « Prascovie, ouvre encore la
« fenêtre et regarde. » Et elle se leva et dit : « Sei-
« gneur, je vois au milieu de la rivière une lumière
« brillante (2) qui chemine rapidement de ce côté.»
Alors elle entendit un grand soupir et quelque
chose qui tombait sur le plancher.
Le bey Janco était mort.

1827 : Str. 7 et se mit à prier.

NOTES

(1) L'amitié est en grand honneur parmi les
Morlaques, et il est encore assez commun que
deux hommes s'engagent l'un à l'autre par une
espèce de fraternité nouvelle. Il y a dans les ri-
tuels illyriques des prières destinées à bénir cette
union de deux amis qui jurent de s'aider et de se
défendre l'un l'autre toute leur vie. Deux hommes
unis par cette cérémonie religieuse s'appellent
en illyrique *pobratimi*, et les femmes poses-

trime, c'est-à-dire demi-frères, demi-sœurs. Souvent on voit les pobratimi sacrifier leur vie l'un pour l'autre ; et, si quelque querelle survenait entre eux, ce serait un scandale aussi grand que si, chez nous, un fils maltraitait son père. Cependant, comme les Morlaques aiment beaucoup les liqueurs fortes, et qu'ils oublient quelquefois dans l'ivresse leurs serments d'amitié, les assistants ont grand soin de s'entremettre entre les pobratimi, afin d'empêcher les querelles, toujours funestes dans un pays où tous les hommes sont armés.

J'ai vu à Knin une jeune fille morlaque mourir de douleur d'avoir perdu son amie, qui avait péri malheureusement en tombant d'une fenêtre.

(2) L'idée qu'une flamme bleuâtre voltige autour des tombeaux et annonce la présence de l'âme d'un mort, est commune à plusieurs peuples, et est généralement reçue en Illyrie.

Le style de cette ballade est touchant par sa simplicité, qualité assez rare dans les poésies illyriques de nos jours.

BARCAROLLE

1

Pisombo (1), pisombo ! la mer est bleue, le ciel est serein. la lune est levée, et le vent n'enfle plus nos voiles d'en haut. Pisombo, pisombo !

2

Pisombo, pisombo ! que chaque homme prenne un aviron ; s'il sait le couvrir d'écume blanche, nous arriverons cette nuit à Raguse. Pisombo, pisombo !

3

Pisombo, pisombo ! ne perdez pas de vue la côte à votre droite, de peur des pirates et de leurs bâteaux longs remplis de sabres et de mousquets (2). Pisombo, pisombo !

4

Pisombo, pisombo ! voici la chapelle de saint Etienne. patron de ce navire : grand saint

---

1827 : Barcarole.

Etienne (3), envoie-nous de la brise ; nous sommes las de ramer. Pisombo, pisombo !

5

Pisombo, pisombo ! Le beau navire, comme il obéit au gouvernail ! Je ne le donnerais pas pour la grande carraque qui met sept jours à virer de bord (4). Pisombo, pisombo !

NOTES

(1) Ce mot n'a aucune signification. Les matelots illyriens le répètent en chantant continuellement pendant qu'ils rament, afin d'accorder leurs mouvements. Les marins de tous les pays ont un mot ou un cri à eux propre, qui accompagne toutes leurs manœuvres.

(2) Plusieurs de ces bateaux portent jusqu'à soixante hommes, et ils sont tellement étroits, que deux hommes de front ne sont pas assis commodément.

(3) Chaque bâtiment porte en général le nom du saint, patron du capitaine.

(4) Cette ridicule plaisanterie est commune à tous les peuples marins.

LE COMBAT DE ZENITZA-VELIKA (1)

Le grand bey Radivoï a mené les braves avec
i pour livrer bataille aux infidèles. Quand les
almates (2) ont vu nos étendards de soie jaune,
s ont relevé leurs moustaches, et ils ont mis
urs bonnets sur l'oreille, et ils ont dit : « Nous
aussi nous voulons tuer des mécréants, et nous
rapporterons leurs têtes dans notre pays. » Le
·y Radivoï répondit : « Dieu y ait part ! » Aus-
tôt nous avons passé la Cettina et nous avons
·ûlé toutes les villes et tous les villages de ces
iiens circoncis ; et, quand nous trouvions des
ifs, nous les pendions aux arbres (3). Le beglier-
·y est parti de Banialouka (4) avec deux mille
·sniaques pour nous livrer bataille ; mais aus-
tôt que leurs sabres courbés ont brillé au soleil,
issitôt que leurs chevaux ont henni sur la col-
ne de Zenitza-Velika, les Dalmates, ces misé-
bles poltrons, ont pris la fuite et nous ont aban-
·nnés. Alors nous nous sommes serrés en rond
nous avons environné le grand bey Radivoï :
Seigneur, nous ne vous quitterons pas comme
ces lâches ; mais, Dieu aidant et la sainte Vierge,
nous rentrerons dans notre pays, et nous racon-

1827 : l. 8 Dieu y ait part. »
1827 : l. 20 le brave bey Radivoï.

100

rons cette grande bataille à nos enfants. » Puis
nous avons brisé nos fourreaux (5). Chaque
homme de notre armée en valait dix, et nos
sabres étaient rougis depuis la pointe jusqu'à la
garde. Mais, comme nous espérions repasser la
Cettina, le selichtar (6) Mehemet est venu fondre
sur nous avec mille cavaliers. « Braves gens, a dit
« le bey Radivoï, ces chiens sont trop nombreux,
« nous ne pourrons leur échapper. Que ceux qui ne
« sont pas blessés tâchent de regagner les bois ;
« ainsi ils échapperont aux cavaliers du selichtar. »
Lorsqu'il eut fini de parler, il se trouva avec vingt
hommes seulement, mais tous ses cousins ; et tant
qu'ils ont vécu, ils ont défendu le bey leur chef.
Quand dix-neuf eurent été tués, Thomas le plus
jeune, dit au bey : « Monte sur ce cheval blanc
« comme neige ; il passera la Cettina et te ramè-
« nera au pays. » Mais le bey a refusé de fuir, et
il s'est assis par terre les jambes croisées. Alors
est venu le selichtar Mehemet qui lui a tranché
la tête.

NOTES

(1) J'ignore à quelle époque eut lieu l'action
qui a fourni le sujet de ce petit poème, et le
joueur de guzla qui me l'a récité ne put me donner d'autres informations, si ce n'est qu'il le
tenait de son père, et que c'était une ballade fort
ancienne.

1827 : l. 17 comme la neige.
1827 : l. 18 dans notre pays.

(2) Les Dalmates sont détestés par les Morlaques, et le leur rendent bien. On verra par la suite que l'auteur attribue à la trahison des Dalmates la perte de la bataille.

(3) Les Juifs sont, dans ce pays, l'objet de la haine des Chrétiens et des Turcs, et dans toutes les guerres ils étaient traités avec la dernière rigueur. Ils étaient et sont encore aussi malheureux que le poisson volant, pour me servir de l'ingénieuse comparaison de sir Walter Scott.

(4) Banialouka a été pendant longtemps la résidence du begler-bey de Bosnie. Bosna Seraï est maintenant la capitale de ce pachalik.

(5) Usage illyrien. C'est un serment de vaincre ou mourir.

(6) Selichtar, mot turc qui veut dire *porte-épée* ; c'est une des principales charges de la cour d'un pacha.

1827 : Note (6) d'un Pacha.

SUR LE VAMPIRISME

En Illyrie, en Pologne, en Hongrie, dans la Turquie et une partie de l'Allemagne, ont s'exposerait au reproche d'irréligion et d'immoralité, si l'on niait publiquement l'existence des vampires.

On appelle vampire (*vudkodlak* en illyrique), un mort qui sort de son tombeau, en général la nuit, et qui tourmente les vivants. Souvent il les suce au cou ; d'autres fois il leur serre la gorge, au point de les étouffer. Ceux qui meurent ainsi par le fait d'un vampire deviennent vampires eux-mêmes après leur mort. Il paraît que tout sentiment d'affection est détruit chez les vampires : car on a remarqué qu'ils tourmentaient leurs amis et leurs parents plutôt que les étrangers.

Les uns pensent qu'un homme devient vampire par une punition divine ; d'autres, qu'il y est poussé par une espèce de fatalité. L'opinion la plus accréditée est que les schismatiques et les excommuniés enterrés en terre sainte, ne pouvant y trouver aucun repos, se vengent sur les vivants des peines qu'ils endurent.

Les signes du vampirisme sont : la conservation d'un cadavre après le temps où les autres

---

1827 l. 2 et dans une grande partie.
1827 l. 3 aux reproches.
1827 l. 12 dans les vampires.

corps entrent en putréfaction, la fluidité du sang, la souplesse des membres, etc. On dit aussi que les vampires ont les yeux ouverts dans leurs fosses, que leurs ongles et leurs cheveux croissent comme ceux des vivants. Quelques-uns se reconnaissent au bruit qu'ils font dans leurs tombeaux en mâchant tout ce qui les entoure, souvent leur propre chair.

Les apparitions de ces fantômes cessent quand, après les avoir exhumés, on leur coupe la tête et qu'on brûle leur corps.

Le remède le plus ordinaire contre une première attaque d'un vampire est de se frotter tout le corps, et surtout la partie qu'il a sucée, avec le sang que contiennent ses veines, mêlé avec la terre de son tombeau. Les blessures que l'on trouve sur les malades se manifestent par une petite tache bleuâtre ou rouge, telle que la cicatrice que laisse une sangsue.

Voici quelques histoires de vampires rappotées par dom Calmet dans son *Traité sur les apparitions des esprits et sur les vampires*, etc.

« Au commencement de septembre mourut dans
« le village de Kisilova, à trois lieues de Gradisch,
« un vieillard âgé de soixante-deux ans, etc. Trois
« jours après avoir été enterré, il apparut la nuit
« à son fils, et lui demanda à manger ; celui-ci
« lui en ayant servi, il mangea et disparut. Le
« lendemain le fils raconta à ses voisins ce qui
« était arrivé. Cette nuit le père ne parut pas ;
« mais la nuit suivante il se fit voir et demanda
« à manger. On ne sait pas si son fils lui en
« donna ou non, mais on trouva le lendemain
« celui-ci mort dans son lit. Le même jour, cinq
« ou six personnes tombèrent subitement malades

« dans le village, et moururent l'une après l'autre
« en peu de jours.

« L'officier ou bailli du lieu, informé de ce qui
« était arrivé, en envoya une relation au tribunal
« de Belgrade, qui fit venir dans le village deux
« de ses officiers avec un bourreau, pour examiner
« cette affaire. L'officier impérial, dont on tient
« cette relation, s'y rendit de Gradisch, pour être
« témoin d'un fait dont il avait si souvent ouï
« parler.

« On ouvrit tous les tombeaux de ceux qui
« étaient morts depuis six semaines : quand on
« vint à celui du vieillard, on le trouva les yeux
« ouverts, d'une couleur vermeille, ayant une res-
« piration naturelle, cependant immobile comme
« un mort ; d'où l'on conclut qu'il était un si-
« gnalé vampire. Le bourreau lui enfonça un pieu
« dans le cœur. On fit un bûcher, et l'on réduisit
« en cendres le cadavre. On ne trouva aucune
« marque de vampirisme ni dans le cadavre du
« fils ni dans celui des autres. »

« Il y a environ cinq ans qu'un certain hey-
« duque, habitant de Médreiga, nommé Arnold
« Paul, fut écrasé par la chute d'un chariot de
« foin. Trente jours après sa mort quatre per-
« sonnes moururent subitement et de la manière
« que meurent, suivant la tradition du pays,
« ceux qui sont molestés des vampires. On se res-
« souvint alors que cet Arnold Paul avait sou-
« vent raconté : qu'aux environs de Cassova et
« sur les frontières de la Serbie turque il avait
« été tourmenté par un vampire turc (car ils
« croient aussi que ceux qui ont été vampires pas-

1827 : l. 15 comme mort.

« sifs pendant leur vie, le deviennent actifs
« après leur mort, c'est-à-dire que ceux qui ont été
« sucés sucent aussi à leur tour), mais qu'il avait
« trouvé moyen de se guérir en mangeant de la
« terre du sépulcre du vampire et en se frottant
« de son sang ; précaution qui ne l'empêcha pas
« cependant de le devenir après sa mort, puisqu'il
« fut exhumé quarante jours après son enterre-
« ment, et qu'on trouva sur son cadavre toutes
« les marques d'un archivampire. Son corps était
« vermeil, ses cheveux, ses ongles, sa barbe
« s'étaient renouvelés, et ses veines étaient toutes
« remplies d'un sang fluide et coulant de toutes les
« parties de son corps sur le linceul dont il était
« environné. Le hadnagi ou le bailli du lieu, en
« présence de qui se fit l'exhumation, et qui était
« un homme expert dans le vampirisme, fit en-
« foncer, selon la coutume, dans le cœur du dé-
« funt Arnold Paul un pieu fort aigu, dont on
« lui traversa le corps de part en part ; ce qui
« lui fit, dit-on, jeter un cri effroyable, comme
« s'il était en vie. Cette expédition faite, on lui
« coupa la tête et l'on brûla le tout. Après cela,
« on fit la même expédition sur les cadavres de
« ces quatre autres personnes mortes de vam-
« pirisme, de crainte qu'elles n'en fissent mourir
« d'autres à leur tour.

« Toutes ces expéditions n'ont cependant pu
« empêcher que, vers la fin de l'année dernière,
« c'est-à-dire au bout de cinq ans, ces funestes
« prodiges n'aient recommencé et que plu-
« sieurs habitants du même village ne soient
« péris malheureusement. Dans l'espace de trois

1827 l. 1 les deviennent.
1827 : l. 26 vampirisme, crainte.

« mois, dix-sept personnes de différent sexe et
« de différent âge sont mortes de vampirisme,
« quelques-unes sans être malades, et d'autres après
« deux ou trois jours de langueur. On rapporte
« entre autres qu'une nommée Stanoska, fille de
« l'heiduque Jotuitzo, qui s'était couchée en par-
« faite santé, se réveilla au milieu de la nuit
« toute tremblante, en faisant des cris affreux
« et disant que le fils de l'heiduque Millo, mort
« depuis neuf semaines, avait manqué de l'étran-
« gler pendant son sommeil. Dès ce moment elle
« ne fit plus que languir, et au bout de trois jours
« elle mourut. Ce que cette fille avait dit du fils de
« Millo le fit d'abord reconnaître pour un vam-
« pire : on l'exhuma et on le trouva tel. Les
« principaux du lieu, les médecins, les chirur-
« giens examinèrent comment le vampirisme avait
« pu renaître, après les précautions qu'on avait
« prises quelques années auparavant.

« On découvrit enfin, après avoir bien cherché,
« que le défunt Arnold Paul avait tué non-seule-
« lement les quatre personnes dont nous avons
« parlé, mais aussi plusieurs bestiaux dont les
« nouveaux vampires avaient mangé, et entre
« autres le fils de Millo. Sur ces indices, on prit
« la résolution de déterrer tout ceux qui étaient
« morts depuis un certain temps, etc. Parmi une
« quarantaine on en trouva dix-sept avec tous
« les signes les plus évidents de vampirisme :
« aussi leur a-t-on transpercé le cœur et coupé
« la tête, et ensuite on les a brûlés et jeté leurs
« cendres dans la rivière.

« Toutes les informations et exécutions dont
« nous venons de parler ont été faites juridique-
« ment, en bonne forme, et attestées par plusieurs

1827: 1. 6. 9 du Heyduque.

« officiers qui sont en garnison dans le pays, par
« les chirurgiens-majors des régiments et par les
« principaux habitants du lieu. Le procès-verbal en
« a été envoyé vers la fin de janvier dernier au
« conseil de guerre impérial à Vienne, qui avait
« établi une commission militaire pour examiner la
« vérité de tous ces faits. » (*D. Calmet, t. II.*)

Je terminerai en racontant un fait du même
genre dont j'ai été témoin, et que j'abandonne aux
réflexions de mes lecteurs.

En 1816, j'avais entrepris un voyage à pied dans
le Vorgoraz, et j'étais logé dans le petit village
de Varboska. Mon hôte était un Morlaque riche
pour le pays, homme très-jovial, assez ivrogne
et nommé Vuck Poglonovich. Sa femme était jeune
et belle encore, et sa fille, âgée de seize ans, était
charmante. Je voulais rester quelques jours dans
sa maison, afin de dessiner des restes d'antiquités
dans le voisinage; mais il me fut impossible de
louer une chambre pour de l'argent ; il me fallut
la tenir de son hospitalité. Cela m'obligeait à
une reconnaissance assez pénible, en ce que j'étais
contraint de tenir tête à mon ami Ploglonovich
aussi longtemps qu'il lui plaisait de rester à table.
Quiconque a dîné avec un Morlaque sentira la
difficulté de la chose.

Un soir, les deux femmes nous avaient quittés
depuis une heure environ, et, pour éviter de
boire, je chantais à mon hôte quelques chansons
de son pays, quand nous fûmes interrompus par
des cris affreux qui partaient de la chambre à
coucher. Il n'y en a qu'une ordinairement dans
une maison, et elle sert à tout le monde. Nous y
courûmes armés, et nous y vîmes un spectacle
affreux. La mère, pâle et échevelée, soutenait sa

1827 : l. 18 d'antiquités du voisinage.

fille évanouie, encore plus pâle qu'elle-même, et étendue sur une botte de paille qui lui servait de lit. Elle criait : « Un vampire ! un vampire ! ma pauvre fille est morte ! »

Nos soins réunis firent revenir à elle la pauvre Khava : elle avait vu, disait-elle, la fenêtre s'ouvrir, et un homme pâle et enveloppé dans un linceul s'était jeté sur 'elle et l'avait mordue en tâchant de l'étrangler. Aux cris qu'elle avait poussés le spectre s'était enfui, et elle s'était évanouie. Cependant elle avait cru reconnaître dans le vampire un homme du pays mort depuis plus de quinze jours et nommé Wiecznany. Elle avait sur le cou une petite marque rouge ; mais je ne sais si ce n'était pas un signe naturel, ou si quelque insecte ne l'avait pas mordue pendant son cauchemar.

Quand je hasardai cette conjecture, le père me repoussa rudement ; la fille pleurait et se tordait les bras, répétant sans cesse : « Hélas ! mourir si jeune, avant d'être mariée ! » Et la mère me disait des injures, m'appelant mécréant, et certifiant qu'elle avait vu le vampire de ses deux yeux et qu'elle avait bien reconnu Wiecznany. Je pris le parti de me taire.

Toutes les amulettes de la maison et du village furent bientôt pendues au cou de Khava, et son père disait en jurant que le lendemain il irait déterrer Wiecznany et qu'il le brûlerait en présence de tous ses parents. La nuit se passa de la sorte sans qu'il fût possible de les calmer.

Au point du jour tout le village fut en mouvement ; les hommes étaient armés de fusils et de

1827 : l. 2   sur de la paille.
1827 : l. 6   sa fenêtre.
1827 : l. 21 mariée ! » et...

109

hanzars ; les femmes portaient des ferrements
rougis ; les enfants avaient des pierres et des
bâtons. On se rendit au cimetière au milieu des
cris et des injures dont on accablait le défunt.
J'eus beaucoup de peine à me faire jour au milieu
de cette foule enragée et à me placer auprès de
la fosse.

L'exhumation dura longtemps. Comme chacun
voulait y avoir part, on se gênait mutuellement,
et même plusieurs accidents seraient arrivés, sans
les vieillards, qui ordonnèrent que deux hommes
seulement déterrassent le cadavre. Au moment où
on enleva le drap qui couvrait le corps, un cri
horriblement aigu me fit dresser les cheveux sur
la tête. Il était poussé par une femme à côté de
moi : « C'est un vampire ! il n'est pas mangé
« des vers ! » s'écriait-elle, et cent bouches le répétèrent à la fois. En même temps vingt coups
de fusil tirés à bout portant mirent en pièces
la tête du cadavre, et le père et les parents de
Khava le frappèrent encore à coups redoublés de
leurs longs couteaux. Des femmes recueillaient sur
du linge la liqueur rouge qui sortait de ce corps
déchiqueté, afin d'en frotter le cou de la malade.

Cependant plusieurs jeunes gens tirèrent le mort
hors de la fosse, et, bien qu'il fût criblé de coups,
ils prirent encore la précaution de le lier bien
fortement sur un tronc de sapin ; puis ils le traî-
nèrent, suivis de tous les enfants, jusqu'à un petit
verger en face de la maison de Poglonovich. Là
étaient préparés d'avance force fagots entremêlés
de paille. Ils y mirent le feu, puis y jetèrent le
cadavre et se mirent à danser autour et à crier à
qui mieux mieux, en attisant continuellement le
bûcher. L'odeur infecte qu'il répandait me força

1827 : l. 12 déterreraient.

110

bientôt de le quitter et de rentrer chez mon hôte.

Sa maison était remplie de monde ; les hommes la pipe à la bouche ; les femmes parlant toutes à la fois et accablant de questions la malade, qui, toujours très-pâle, leur répondait à peine. Son cou était entortillé de ces lambeaux teints de la liqueur rouge et infecte qu'ils prenaient pour du sang, et qui faisait un contraste affreux avec la gorge et les épaules à moitié nues de la pauvre Khava.

Peu à peu toute cette foule s'écoula, et je restai seul d'étranger dans la maison. La maladie fut longue. Khava redoutait beaucoup l'approche de la nuit, et voulait toujours avoir quelqu'un pour la veiller. Comme ses parents, fatigués par les travaux de la journée, avaient de la peine à rester éveillés, j'offris mes services comme garde-malade, et ils furent acceptés avec reconnaissance. Je savais que ma proposition n'avait rien d'inconvenant pour des Morlaques.

Je n'oublierai jamais les nuits que j'ai passées auprès de cette malheureuse fille. Les craquements du plancher, le sifflement de la bise, le moindre bruit la faisait tressaillir. Lorsqu'elle s'assoupissait, elle avait des visions horribles, et souvent elle se réveillait en sursaut en poussant des cris. Son imagination avait été frappée par un rêve, et toutes les commères du pays avaient achevé de la rendre folle en lui racontant des histoires effrayantes. Souvent, sentant ses paupières se fermer, elle me disait : « Ne t'endors pas, je t'en prie. Tiens un chapelet d'une main et ton hanzar de l'autre ; garde-moi bien. » D'autre fois elle ne voulait s'endormir qu'en tenant mon bras dans

---

1827 : l. 1 de les. l. 14 et elle voulait. l. 15 leurs travaux.

ses deux mains, et elle le serrait si fortement, qu'on voyait dessus longtemps après l'empreinte de ses doigts.

Rien ne pouvait la distraire des idées lugubres qui la poursuivaient. Elle avait une grande peur de la mort, et elle se regardait comme perdue sans ressource, malgré tous les motifs de consolation que nous pouvions lui présenter. En quelques jours elle était devenue d'une maigreur étonnante ; ses lèvres étaient totalement décolorées et ses grands yeux noirs paraissaient encore plus brillants ; elle était réellement effrayante à regarder.

Je voulus essayer de réagir sur son imagination, en feignant d'entrer dans ses idées. Malheureusement, comme je m'étais d'abord moqué de sa crédulité, je ne devais plus prétendre à sa confiance. Je lui dis que dans mon pays j'avais appris la magie blanche, que je savais une conjuration très-puissante contre les mauvais esprits, et que, si elle voulait, je la prononcerais à mes risques et périls pour l'amour d'elle.

D'abord sa bonté naturelle lui fit craindre de me brouiller avec le ciel ; mais bientôt, la peur de la mort l'emportant, elle me pria d'essayer ma conjuration. Je savais par cœur quelques vers français de Racine ; je les récitai à haute voix devant la pauvre fille, qui croyait cependant entendre le langage du diable. Puis, frottant son cou à différentes reprises, je feignis d'en retirer une petite agathe rouge que j'avais cachée entre mes doigts. Alors, je l'assurai gravement que je l'avais tirée de son cou et qu'elle était sauvée. Mais elle me regarda tristement et me dit : « Tu me « trompes ; tu avais cette pierre dans une petite « boîte, je te l'ai vue. Tu n'es pas un magicien. »

Ainsi ma ruse lui fit plus de mal que de bien. Dès ce moment elle alla toujours de plus en plus mal.

La nuit de sa mort elle me dit : « C'est ma « faute si je meurs. Un tel (elle me nomma un gar- « çon du village) voulait m'enlever. Je n'ai pas « voulu, et je lui ai demandé pour le suivre une « chaîne d'argent. Il est allé à Marcaska en acheter « une, et pendant ce temps-là le vampire est venu. « Au reste, ajouta-t-elle, si je n'avais pas été à la « maison, il aurait peut-être tué ma mère. Ainsi « cela vaut mieux. » Le lendemain elle fit venir son père, et lui fit promettre de lui couper lui-même la gorge et les jarrets, afin qu'elle ne fût pas vampire elle-même, et elle ne voulait pas qu'un autre que son père commît sur son corps ces inutiles atrocités. Puis elle embrassa sa mère et la pria d'aller sanctifier un chapelet au tombeau d'un saint homme auprès de son village, et de le lui rapporter ensuite. J'admirai la délicatesse de cette paysanne, qui trouvait ce prétexte pour empêcher sa mère d'assister à ses derniers moments. Elle me fit détacher une amulette de son cou. « Garde-la, me dit-elle, j'espère qu'elle te « sera plus utile qu'à moi. » Puis elle reçut les sacrements avec dévotion. Deux ou trois heures après, sa respiration devint plus forte, et ses yeux étaient fixes. Tout d'un coup elle saisit le bras de son père et fit un effort comme pour se jeter sur son sein ; elle venait de cesser de vivre. Sa maladie avait duré onze jours.

Je quittai quelques heures après le village, donnant au diable de bon cœur les vampires, les revenants et ceux qui en racontent des histoires.

LA BELLE SOPHIE (1)

Scène lyrique

PERSONNAGES

Nicéphore	Sophie
Le Bey de Moina	Chœur de jeunes gens
Un Ermite	Chœur des Svati 3)
Le Kuum (2)	Chœur de jeunes filles

1

Les Jeunes Gens

Jeunes gens de Vrachina, sellez vos coursiers noirs, sellez vos coursiers noirs de leurs housses brodées : aujourd'hui parez-vous de vos habits neufs ; aujourd'hui chacun doit se parer, chacun doit avoir un yatagan à poignée d'argent et des pistolets garnis de filigrane. N'est-ce pas aujourd'hui que le riche bey de Moina épouse la belle Sophie ?

2

Nicéphore

Ma mère, ma mère ! ma jument noire est-elle sellée ? Ma mère, ma mère ! ma jument noire a henni: donnez-moi les pistolets dorés que j'ai pris à un bim-bachi ; donnez-moi mon yatagan à poignée d'argent. Ecoutez, ma mère, il me reste dix se-

---

1827 : 1. 6 Hermite.
1. 23 éd. 1847 à bim-bachi.
1827 : 1. 24 d'argent : écoutez.

quins dans une bourse de soie ; je veux les jeter aux musiciens de la noce. N'est-ce pas aujourd'hui que le riche bey de Moïna épouse la belle Sophie?

3

Les Svati.

Oh ! Sophie ! mets ton voile rouge, la cavalcade s'avance ; entends les coups de pistolet qu'ils tirent en ton honneur (4) ! Musiciennes, chantez l'histoire de Jean Valathiano et de la belle Agathe ; vous, vieillards, faites résonner vos guzlas. Toi, Sophie, prends un crible, jette des noix (5). Puisses-tu avoir autant de garçons ! Le riche bey de Moïna épouse la belle Sophie.

4

Sophie

Marchez à ma droite, ma mère ; marchez à ma gauche, ma sœur. Mon frère aîné, tenez la bride du cheval ; mon frère cadet soutenez la croupière. — Quel est ce jeune homme pâle qui s'avance sur une jument noire ? pourquoi ne se mêle-t-il pas à la troupe des jeunes svati ? Ah ! je reconnais Nicéphore ; je crains qu'il n'arrive quelque malheur. Nicéphore m'aimait avant le riche bey de Moïna.

5

Nicéphore

Chantez, musiciennes, chantez comme des cigales ! Je n'ai que dix pièces d'or ; j'en donnerai

---

1827 : l. 8 honneur : musiciennes.
1827 : l. 21 des jeunes gens ? Ah, je...

cinq aux musiciennes, cinq aux joueurs de guzla. —
O bey de Moïna, pourquoi me regardes-tu avec
crainte ? N'es-tu pas le bien-aimé de la belle Sophie ? n'as-tu pas autant de sequins que de poils
blancs à la barbe ? Mes pistolets ne te sont pas
destinés. Hou ! hou ! ma jument noire, galope à la
vallée des pleurs. Ce soir je t'ôterai bride et
selle ; ce soir tu seras libre et sans maître.

6

Les jeunes filles

Sophie, Sophie, que tous les saints te bénissent !
Bey de Moïna, que tous les saints te bénissent !
Puissiez-vous avoir douze fils tous beaux, tous
blonds, hardis et courageux ! Le soleil baisse, le
bey attend seul sous son pavillon de feutre :
Sophie, hâte-toi, dis adieu à ta mère, suis le
Kuum ; ce soir tu reposeras sur des carreaux de
soie ; tu es l'épouse du riche bey de Moïna.

7

L'Ermite

Qui ose tirer un coup de feu près de ma cellule ?
qui ose tuer les daims qui sont sous la protection de Saint-Chrysostome et de son ermite ? Mais
ce n'est point un daim que ce coup de feu a
frappé ; cette balle a tué un homme et voilà sa
jument noire qui erre en liberté. Que Dieu ait
pitié de ton âme, pauvre voyageur ! Je m'en vais
te creuser un tombeau dans le sable auprès du
torrent.

1827 : l. 2 Oh, bey de Moïna !
1827 : l. 6 galoppe.
1827 : l. 11 Sophie ! Sophie !... de Moïna !

116

8

Sophie

O ! mon seigneur, que vos mains sont glacées !
ô ! mon seigneur, que vos cheveux sont humides !
Je tremble dans votre lit, malgré vos couvertures
de Perse. En vérité, mon seigneur, votre corps est
glacé ; j'ai bien froid ; je frissonne, je tremble,
une sueur glacée a couvert tous mes membres !
Ah ! sainte mère de Dieu, ayez pitié de moi, mais
je crois que je vais mourir.

9

Le Bey de Moina

Où est-elle, où est-elle, ma bien-aimée, la belle
Sophie ? Pourquoi ne vient-elle pas sous ma tente
de feutre ? Esclaves, courez la chercher, et dites
aux musiciennes de redoubler leurs chants ; je
leur jetterai demain matin des noix et des pièces
d'or. Que ma mère remette la belle Sophie au
Kuum de la noce ! il y a bien longtemps que je
suis seul dans ma tente.

10

Le Kuum

Nobles Svati, que chacun remplisse sa coupe,
que chacun vide sa coupe ! La mariée a pris nos
sequins, elle a volé nos chaines d'argent (6) ; pour
nous venger, ne laissons pas une cruche d'eau-de-
vie dans leur maison. Les époux se sont retirés ; j'ai
délié la ceinture de l'époux, livrons-nous à la joie.
La belle Sophie épouse le riche bey de Moina.

_____

1827 : l. 7 pitié de moi !
1827 : l. 27 dans la maison.

11

Sophie

Mon Seigneur, que t'ai-je fait ? pourquoi me
presser ainsi la poitrine ? Il me semble qu'un cadavre de plomb est sur mon sein. Sainte mère
de Dieu ! Ma gorge est tellement serrée, que je
crois que je vais étouffer. O mes amies, venez à
mon aide, le bey de Moïna veut m'étouffer. O
ma mère, ô ma mère ! venez à mon aide, car
il m'a mordue à la veine du cou, et il suce mon
sang.

NOTES

(1) Ce morceau, fort ancien, et revêtu d'une
forme dramatique que l'on rencontre rarement
dans les poésies illyriques, passe pour un modèle
de style parmi les joueurs de guzla Morlaques.
On dit qu'une anecdote véritable a servi de
thème à cette ballade, et l'on montre encore dans
la vallée de Scign un vieux tombeau qui renferme la belle Sophie et le bey de Moïna.

(2) Le Kuum est le parrain de l'un des époux.
Il les accompagne à l'église et les suit jusque
dans leur chambre à coucher, où il délie la ccin-
ture du marié, qui, ce jour-là, d'après une ancienne superstition, ne peut rien couper, lier, ni
délier. Le Kuum a même le droit de faire dés-
habiller en sa présence les deux époux. Lorsqu'il
juge que le mariage est consommé, il tire en l'air

1827 : l. 4 poitrine : il me semble.
1827 : l. 7 ô, mes amies... Oh ! ma mère, ô,

un coup de pistolet, qui est aussitôt accompagné de cris de joie et de coups de feu par tous les svati.

(3) Ce sont les membres des deux familles, réunis pour le mariage. Le chef de l'une des deux familles est le président des svati, et se nomme *stari-svat*. Deux jeunes gens, appelés *diveri*, accompagnent la mariée et ne la quittent qu'au moment où le Kuum la remet à son époux.

(4) Pendant la marche de la mariée, les svati tirent continuellement des coups de pistolet, accompagnement obligé de toutes les fêtes, et poussent des hurlements épouvantables. Ajoutez à cela les joueurs de guzla et les musiciennes, qui chantent des épithalames souvent improvisés, et vous aurez l'idée de l'horrible charivari d'une noce morlaque.

(5) La mariée, en arrivant à la maison de son mari, reçoit des mains de sa belle-mère ou d'une des parentes (du côté du mari) un crible rempli de noix ; elle le jette par dessus sa tête, et baise ensuite le seuil de la porte.

(6) La femme n'a pour dot que ses habits et quelquefois une vache ; mais elle a le droit de demander un cadeau à chacun des svati ; de plus, tout ce qu'elle peut leur voler est de bonne prise. En 1812, je perdis de cette manière une fort belle montre ; heureusement que la mariée en ignorait la valeur, et je pus la racheter moyennant deux sequins.

JEANNOT

1

Jeannot devait revenir à la ville, et il fallait passer, la nuit, par un cimetière. Or c'était un poltron plus lâche qu'une femme ; il tremblait comme s'il avait eu la fièvre.

2

Quand il fut dans le cimetière, il regardait à droite et à gauche, et il entendit comme quelqu'un qui rongeait, et il pensa que c'était un brucolaque qui mangeait dans son tombeau (1).

3

« Hélas ! hélas ! dit-il, je suis perdu ; s'il me « regarde, il voudra me manger, car je suis si gras ! « Il faut que je mange de la terre de son tom- « beau (2) ; autrement c'est fait de moi. »

4

Alors, il s'est baissé pour prendre de la terre : mais un chien, qui rongeait un os de mouton, a cru que Jeannot voulait le lui prendre : Il lui a sauté à la jambe et l'a mordu jusqu'au sang.

———

NOTES

(1) Espèce de vampire. (Voyez la notice sur les vampires.)

(2) Ce préservatif est fort en usage, et passe pour être très-efficace.

IMPROVISATION (1)

de Hyacinthe Maglanovich.

1

ETRANGER, que demandes-tu au vieux joueur de guzla ? Que veux-tu du vieux Maglanovich ? Ne vois-tu pas ses moustaches blanches ? Ne vois-tu pas trembler ses mains desséchées ? Comment pourrait-il, ce vieillard cassé, tirer un son de sa guzla, vieille comme lui ?

2

Hyacinthe Maglanovich, autrefois, avait la moustache noire ; sa main savait diriger au but un lourd pistolet, et les jeunes hommes et les femmes l'entouraient, la bouche béante d'admiration, quand il daignait s'asseoir à une fête et faire résonner sa guzla sonore.

3

Chanterai-je encore pour que les jeunes joueurs de guzla disent en souriant : Hyacinthe Maglanovich est mort, sa guzla est fausse, et ce vieillard tout cassé radote ? Qu'il laisse à d'autres, plus habiles que lui l'honneur de charmer les heures de la nuit en les faisant paraître courtes par leurs chants.

.

4

Eh bien ! qu'ils se présentent les jeunes joueurs de guzla, qu'ils nous fassent entendre leurs vers harmonieux. Le vieux Maglanovich les défie tous. Il a vaincu leurs pères aux combats de l'harmonie ; il les vaincra tous ; car Hyacinthe Maglanovich est comme ces vieux châteaux ruinés (2)... Mais les maisons neuves sont-elles aussi belles ?

5

La guzla d'Hyacinthe Maglanovich est aussi vieille que lui ; mais jamais elle ne se déshonora en accompagnant un chant médiocre. Quand le vieux poëte sera mort, qui osera prendre sa guzla et en tirer des sons ? Non, l'on enterre un guerrier avec son sabre : Maglanovich reposera sous la terre avec sa guzla sur sa poitrine.

NOTES

(1) Tout me porte à croire que ce morceau a été réellement improvisé. Maglanovich avait une grande réputation parmi ses compatriotes pour les impromptu, et celui-ci, au dire des connaisseurs du pays, est un de ses meilleurs.

(2) Allusion aux monuments antiques dont les ruines imposantes se rencontrent à chaque pas.

1827 : l. 10 de Hyacinthe.
1827 : l. 15 sous terre.
1827 : Note 1. les impromptus.

CONSTANTIN JACOUBOVICH

1

CONSTANTIN JACOUBOVICH était assis sur un banc
devant sa porte : devant lui son enfant jouait
avec un sabre ; à ses pieds, sa femme Miliada
était accroupie par terre (1). Un étranger est sorti
de la forêt et l'a salué en lui prenant la main.

2

Sa figure est celle d'un jeune homme ; mais
ses cheveux sont blancs, ses yeux sont mornes, ses
joues creuses, sa démarche chancelante. « Frère,
a-t-il dit, j'ai bien soif, et je voudrais boire. »
Aussitôt Miliada s'est levée, et lui a vite apporté
de l'eau-de-vie et du lait.

3

— « Frère, quelle est cette éminence là-bas avec
« ces arbres verts ? » — « N'es-tu donc jamais venu
« dans ce pays, dit Constantin Jacoubovich, que tu
« ne connaisses pas le cimetière de notre race ? —
« Eh bien ! c'est là que je veux reposer, car je me
« sens mourir peu à peu. »

4

Alors il a détaché sa large ceinture rouge, et il
a montré une plaie sanglante. — « Depuis hier

1827 : l. 13. vîte.
1827 : l. 22. une large ceinture.

« la balle d'un chien de mécréant me déchire la
« poitrine : je ne puis ni vivre ni mourir. » Alors
Miliada l'a soutenu, et Constantin Jacoubovich
a sondé la blessure.

5

— « Triste, triste fut ma vie ; triste sera ma
« mort. Mais sur le haut de ce tertre, dans cet en-
« droit exposé au soleil, je veux que l'on m'enterre ;
« car je fus un grand guerrier, quand ma main
« ne trouvait pas un sabre trop pesant pour elle. »

6

Et sa bouche a souri, et ses yeux sortaient de
leur orbite : soudain il a penché la tête. Miliada
s'écria : « O Constantin, aide-moi ! car cet étran-
« ger est trop pesant pour que je puisse le sou-
« tenir toute seule. » Et Constantin a reconnu qu'il
était mort.

7

Puis il l'a chargé sur son cheval et l'a porté
au cimetière, sans s'inquiéter si la terre latine
souffrirait dans son sein le cadavre d'un Grec
schismatique. (2) Ils ont creusé sa fosse au soleil,
et ils l'ont enterré avec son sabre et son hanzar,
comme il convient à un guerrier.

8

Après une semaine, l'enfant de Constantin
avait les lèvres pâles, et il pouvait à peine marcher. Il se couchait tout triste sur une natte, lui
qui aimait tant à courir çà et là. Mais la Pro-

1827 : I. 14. Oh, Constantin.

vidence a conduit dans la maison de Constantin
un saint ermite, son voisin.

9

« Ton enfant est malade d'une maladie étrange :
« vois sur son cou si blanc, cette tache rouge, c'est
« la dent d'un vampire. » Alors il a mis ses livres
dans un sac, et il s'en est allé au cimetière, et il
a fait ouvrir la fosse où l'on avait enterré l'étranger.

10

Or son corps était frais et vermeil ; sa barbe
avait crû, et ses ongles étaient longs comme
des serres d'oiseau ; sa bouche était sanglante, et
sa fosse inondée de sang. Alors Constantin a levé
un pieu pour l'en percer ; mais le mort a poussé
un cri et s'est enfui dans les bois.

11

Et un cheval, quand les étriers lui coupent les
flancs, ne pourrait courir aussi vite que ce
monstre ; et son impétuosité était telle, que les
jeunes arbres se courbaient sous son corps, et que
les grosses branches cassaient comme si elles
eussent été gelées.

12

L'ermite a pris du sang et de la terre de la
fosse, et en a frotté le corps de l'enfant ; et Constantin et Miliada en ont fait autant ; et le soir ils
disaient : « C'est à cette heure que ce méchant

1827 : l. 12 crû.
1827 : l. 13 d'oiseaux.
1827 : l. 14 sa fosse était inondée.

« étranger est mort ? » Et, comme ils parlaient, le chien a hurlé et s'est caché entre les jambes de son maitre.

13

La porte s'est ouverte, et un grand géant est entré en se baissant ; il s'est assis les jambes croisées, et sa tête touchait les poutres de la maison ; et il regardait Constantin en souriant, et celui-ci ne pouvait détourner les yeux, car il était fasciné par le vampire.

14

Mais l'ermite a ouvert son livre, et il a jeté une branche de romarin dans le feu ; puis, avec son souffle, il a dirigé la fumée contre le spectre, et l'a conjuré au nom de Jésus. Bientôt le vampire a tremblé et s'est élancé par la porte, comme un loup poursuivi par les chasseurs.

15

Le lendemain, à la même heure, le chien a hurlé et la porte s'est ouverte, et un homme est entré et s'est assis : sa taille était celle d'un soldat, et toujours ses yeux s'attachaient sur ceux de Constantin pour le fasciner ; mais l'ermite l'a conjuré, et il s'est enfui.

16

Et le lendemain un petit nain est entré dans sa maison, et un rat aurait bien pu lui servir de monture. Toutefois ses yeux brillaient comme deux flambeaux, et son regard était funeste ; mais l'ermite l'a conjuré pour la troisième fois, et il s'est enfui pour toujours.

———

NOTES

(1) Dans un ménage morlaque le mari couche sur un lit, s'il y en a un dans la maison, et la femme sur le plancher. C'est une des nombreuses preuves du mépris avec lequel sont traitées les femmes dans ce pays. Un mari ne cite jamais le nom de sa femme devant un étranger sans ajouter : *Da prostite, moya xena* (ma femme, sauf votre respect).

(2) Un Grec enterré dans un cimetière latin devient vampire, et *vice versâ*.

(3) Les étriers turcs sont plats, assez semblables à des souliers et tranchants sur les bords ; ils servent ainsi d'éperons.

———

Notes: 1827: l. 3 la femme couche sur le plancher.

IMPROMPTU (1)

La neige au sommet du Prolog n'est pas plus blanche que n'est ta gorge. Un ciel sans nuage n'est pas plus bleu que ne sont tes yeux. L'or de ton collier est moins brillant que ne sont tes cheveux, et le duvet d'un jeune cygne n'est pas plus doux au toucher. Quand tu ouvres la bouche, il me semble voir des amandes sans leur peau. Heureux ton mari ! Puisses-tu lui donner des fils qui te ressemblent !

NOTE

(1) Cet impromptu fut fait à ma requête par un vieux Morlaque pour une dame anglaise qui se trouvait à Trau en 1816.

Je trouve dans le voyage à Boukhara de M. le colonel baron de Meyendorff une chanson faite par une jeune fille Kirghise, qui offre une grande analogie avec celle-ci. Je demande la permission de l'insérer ici.

CHANSON KIRGHISE

Vois-tu cette neige ? eh bien, mon corps est plus blanc. Sur cette neige vois-tu couler le sang

1827 : l. 2 La neige du sommet.
1827 : l. 21 Vois-tu sur cette neige couler...

de ce mouton égorgé ? eh bien, mes joues sont plus vermeilles. Passe par cette montagne, tu y verras un tronc d'arbre brûlé ; eh bien, mes cheveux sont plus noirs.

Chez le sultan, il y a des mollahs qui écrivent beaucoup ; eh bien, mes sourcils sont plus noirs que leur encre.

LE VAMPIRE (1)

1

Dans le marais de Stavila, auprès d'une source, est un cadavre étendu sur le dos. C'est ce maudit Vénitien qui trompa Marie, qui brûla nos maisons. Une balle lui a percé la gorge, un yatagan s'est enfoncé dans son cœur ; mais, depuis trois jours qu'il est sur la terre, son sang coule rouge et chaud.

2

Ses yeux bleus sont ternes, mais regardent le ciel : malheur à qui passe près de ce cadavre ! Qui pourrait éviter la fascination de son regard ? Sa barbe a crû, ses ongles ont poussé (2) ; les corbeaux s'éloignent de lui avec effroi, tandis qu'ils s'attachent aux braves heiduques qui jonchent la terre autour de lui.

3

Sa bouche est sanglante et sourit comme celle d'un homme endormi et tourmenté d'un amour hideux. Approche, Marie, viens contempler celui pour lequel tu as trahi ta famille et ta nation ! Ose baiser ces lèvres pâles et sanglantes qui savaient si bien mentir. Vivant il a causé bien des larmes ; mort, il en coûtera davantage.

. . . .

NOTES

(1) Ce fragment de ballade ne se recommande que par la belle description d'un vampire. Il semble se rapporter à quelque petite guerre des heiduques contre les podestats vénitiens.

(2) Signes évidents de vampirisme.

———

LA QUERELLE DE LEPA ET DE TCHERNYEGOR 1)

1

MALÉDICTION sur Ostoïx ! malédiction sur Nicolo Ziani, Nicolo Ziani au mauvais œil ! Puissent leurs femmes être infidèles, leurs enfants difformes ! Puissent-ils périr comme des lâches qu'ils sont ! Ils ont causé la mort de deux braves chefs. . .

. . . .

2

Que celui qui sait lire et écrire, que celui qui aime à rester assis, s'occupe à vendre des étoffes à la ville. Que celui qui a du cœur mette un sabre à son côté, et qu'il vienne à la guerre. Là les jeunes gens gagneront des richesses. . . . .

3

O Lepa ! ô Tchernyegor ! le vent s'élève, vous pouvez déployer toutes vos voiles. La sainte Vierge et saint Eusèbe veillent sur vos légers vaisseaux ; ils sont comme deux aigles qui descendent de la montagne noire pour ravir des agneaux dans la plaine.

―――――――

1827: I, 1. 14 Lepá.

4

Lepa est un brave guerrier, et Tchernyegor est aussi un brave soldat. Ils prennent beaucoup d'objets précieux aux riches fainéants des villes ; mais ils sont généreux pour les joueurs de guzla, comme les braves doivent l'être : Ils font l'aumône aux pauvres (2).

5

C'est pourquoi ils ont gagné le cœur des plus belles femmes. Lepa a épousé la belle Yevekhimia ; Tchernyegor a épousé la blonde Nastasia ; et, quand ils revenaient de la mer, ils appelaient d'habiles joueurs de guzla, et se divertissaient en buvant du vin et de l'eau-de-vie.

6

Quand ils eurent pris une riche barque, ils la tirèrent à terre, et ils virent une belle robe de brocart (3). Celui à qui elle appartenait dut être bien triste de perdre cette riche étoffe ; mais cette robe pensa causer un grand malheur, car Lepa l'a convoitée et Tchernyegor aussi.

7

« J'ai abordé cette barque le premier, dit Lepa : « je veux avoir cette robe pour ma femme Yevekhi- « mia. » — « Mais, dit Tchernyegor, prends le « reste, je veux parer de cette robe ma femme Nas- « tasia. » Alors il ont commencé à tirailler la robe, au risque de la déchirer.

1827 : l. 18 brocard... elle était dût être.

8

Le front de Tchernyergor a pâli de colère. « A
« moi, mes jeunes guerriers ! aidez-moi à prendre
« cette robe ! » Et il a tiré son pistolet ; mais il
a manqué Lepa, et il a tué son page (4). Aussitôt les sabres sortirent de leurs fourreaux : c'était
une chose horrible à voir et à raconter.

9

Enfin, un vieux joueur de guzla s'est élancé :
« Arrêtez ! a-t-il crié ; tuerez-vous vos frères pour
« une robe de brocart ? » Alors il a pris la robe
et l'a déchirée en morceaux (5). Lepa remit le
premier son sabre au fourreau, et Tchernyegor ensuite ; mais il regardait Lepa de travers, parce
qu'il avait un mort de plus (6).

10

Ils ne se sont point serré la main, comme ils
avaient coutume ; ils se sont séparés pleins de
colère et pensant à la vengeance. Lepa s'en est
allé dans la montagne ; Tchernyegor a suivi le rivage. Lepa se disait à lui-même : « Il a tué mon
« page chéri qui m'allumait ma pipe : il en por-
« tera la peine. »

11

« Je veux aller dans sa maison prendre sa femme
« qu'il aime tant ; je la vendrai aux Turcs pour
« qu'il ne la revoie jamais. » Alors il a pris douze
hommes avec lui, et il s'en est allé à la maison
de Tchernyegor. Je dirai tout à l'heure pourquoi
il ne trouva pas Tchernyegor à la maison.

12

Quand il fut arrivé à la maison de Tchernyegor, il vit la belle Nastasia qui faisait cuire un agneau (7). « Bonjour, Seigneur, dit-elle, veux-tu « boire un verre d'eau-de-vie ? » — « Je ne viens « pas pour boire de l'eau-de-vie ; je viens pour « t'emmener avec moi: tu seras esclave, et tu ne « seras jamais rachetée. »

13

Il a pris la blonde Nastasia, et, malgré ses cris, il l'a emportée dans sa barque, et il est allé la vendre à une caravelle à l'ancre près du rivage. Je cesserai de chanter Lepa, et je chanterai Tchernyegor. Il était furieux d'avoir un mort de plus « Malédiction sur sa main, j'ai manqué mon perfide ennemi ! »

14

« Mais, puisque je ne puis le tuer, je veux en- « lever sa femme chérie et la vendre à cette cara- « velle à l'ancre près du rivage : quand il reviendra « dans sa maison et qu'il ne verra plus Yevek- « himia, il mourra certainement de douleur. » Alors il a mis son fusil sur son épaule et s'en est venu à la maison de la belle Yevekhimia.

15

— « Lève-toi, Yevekhimia, lève-toi, femme de « Lepa : il faut que tu me suives à ce vaisseau là- « bas. » — « Comment ! seigneur, dit-elle, trahirais- « tu ton frère ? » Sans avoir pitié d'elle, il l'a prise

---

1827 : l. 4. Bon jour.
1827 : l. 11, et il a été la vendre.

136

par ses cheveux noirs, et, l'ayant chargée sur ses épaules, il l'a menée dans sa barque, puis à bord de la caravelle.

16

— « Patron, je veux de cette femme six cents « pièces d'or. » — « C'est trop, dit le patron, je « viens d'en acheter une plus belle pour cinq « cents. » — « Donne-moi cinq cents pièces d'or, « mais montre-moi cette femme-là. » Alors il a reçu cinq cents pièces d'or, et il a livré la belle Yevekhimia, qui fondait en larmes.

17

Ils sont entrés dans la cabine, et le patron a levé le voile de la belle Nastasia. Quand Tchernyegor a reconnu sa chère femme, il a poussé un grand cri, et de ses yeux noirs ont coulé des larmes pour la première fois. Il a voulu racheter sa femme ; mais le Turc n'a pas voulu la revendre.

18

Il a sauté dans sa barque serrant les poings. « Ramez, nos jeunes gens, ramez au rivage ! Il « faut que tous mes guerriers se rassemblent pour « prendre ce gros vaisseau, car il renferme ma chère « Nastasia. » La proue s'est couverte d'écume, la barque volait sur l'eau comme un canard sauvage.

19

Quand il approcha du rivage, il vit Lepa qui s'arrachait les cheveux. « Ah ! ma femme Yevekhi-

« mia, tu es prisonnière dans cette caravelle ; mais
« je perdrai la vie ou je te délivrerai ! » Tchernyegor a sauté à terre, et il a marché droit à Lepa et
lui a serré la main.

20

— « J'ai enlevé ta femme, tu as enlevé la
« mienne. J'ai tué ton page chéri, tu m'as tué un
« homme de plus. Soyons quittes : périsse notre
« haine. Soyons unis comme auparavant, et allons
« reprendre nos femmes. » Lepa lui a serré la
main ; il a dit : « Frère (8), tu parles bien. »

21

Ils ont appelé leurs jeunes matelots ; ils em-
barquent des fusils et des pistolets ; ils rament à
la caravelle, frères comme auparavant : c'était
un beau spectacle à voir. Ils ont abordé ce gros
vaisseau. — « Nos femmes, ou vous êtes morts ! »
Ils ont repris leurs femmes ; mais ils ont oublié
d'en rendre le prix. (9)

NOTES

(1) Il est évident que cette intéressante ballade
ne nous est point parvenue dans son intégrité. On
suppose que le morceau que nous traduisons faisait partie d'un poëme sur la vie des deux pirates
Lepa et Tchernyegor, dont un seul épisode s'est
conservé.

1827 : l. 9 haîne.

La première stance contient des imprécations contre ceux qui ont causé la mort des deux héros. A en juger d'après leurs noms, un de ceux que le poëte semble accuser de trahison était Morlaque, et l'autre Dalmate ou Italien.

La seconde stance est d'une autre mesure que la première, et je ne sais si c'est avec raison que le vieillard de qui je la tiens la mêlait au reste de la ballade. D'ailleurs, les sentiments qu'elle exprime sont ceux de presque tous les Morlaques. Le récit de la querelle des deux amis ne commence réellement qu'à la stance quatrième.

(2) L'auteur montre ici avec naïveté le motif de son admiration pour ces deux brigands.

(3) Venise fabriquait autrefois, comme on sait, une grande quantité d'étoffes de brocart d'or et d'argent pour le Levant.

(4) Les chefs ont toujours auprès d'eux un page qui porte leur pipe et prépare leur café en temps de paix, et qui charge leurs armes à la guerre. Voilà les principales fonctions d'un page morlaque.

(5) On peut voir par ce trait de quelle considération jouissent les vieillards et les poëtes.

(6) Quand une famille a perdu un de ses membres par un assassinat, elle tâche de tuer quelqu'un de la famille ennemie. Ce mort trouve des vengeurs, et il n'est pas rare que dans l'espace d'une année une vingtaine de personnes périssent ainsi pour une querelle qui leur est étrangère. La paix ne peut se faire décemment que lorsque chaque famille compte autant de morts l'une que l'autre. Se réconcilier quand on a un mort de plus, c'est s'avouer vaincu.

(7) Mot à mot, du mouton fumé assaisonné avec des choux ; c'est ce que les Illyriens nomment *pacterma*.

(8) *Frère* est mis là comme synonyme d'ami.

(9) Ce dernier trait est caractéristique.

L'AMANT EN BOUTEILLE

1

JEUNES filles qui m'écoutez en tressant des nattes, vous seriez bien contentes si, comme la belle *Khava* (1), vous pouviez cacher vos amants dans une bouteille.

2

La ville de Trebigne a vu un grand prodige : une jeune fille, la plus belle de toutes ses compagnes, a refusé tous les amants, jeunes et braves, riches et beaux.

3

Mais elle porte à son cou une chaîne d'argent avec une fiole suspendue, et elle baise ce verre et lui parle tout le jour, l'appelant son cher amant.

4

Ses trois sœurs ont épousé trois beys puissants et hardis. « Quand te marieras-tu, Khava ? Atten-
« dras-tu que tu sois vieille pour écouter les jeunes
« gens ? »

5

« Je ne me marierai point pour n'être que
« l'épouse d'un bey : j'ai un ami plus puissant.
« Si je désire quelque objet précieux, à mon ordre
« il l'apporte. »

1827 : l. 14 phiole.

6

« Si je veux une perle au fond de la mer,
« il plongera pour me l'apporter : ni l'eau, ni la
« terre, ni le feu ne l'arrêtent, quand une fois je
« lui ai donné un ordre. »

7

« Moi, je ne crains point qu'il me soit infi-
« dèle : une tente de feutre, un logis de bois ou
« de pierre est une maison moins close qu'une bou-
« teille de verre. »

8

Et de Trebigne et de tous les environs les gens
sont accourus pour voir cette merveille ; et, si
elle demandait une perle, une perle lui était ap-
portée.

9

Voulait-elle des sequins pour mettre dans ses
cheveux (2), elle tendait sa robe et en recevait de
pleines poignées. Si elle eût demandé la couronne ducale, elle l'aurait obtenue.

10

L'évêque ayant appris la merveille, en a été irrité. Il a voulu chasser le démon qui obsédait

la belle Khava, et il lui a fait arracher sa bouteille chérie.

11

— « Vous tous qui êtes chrétiens, joignez vos
« prières aux miennes pour chasser ce noir démon. »
Alors il a fait le signe de la croix et a frappé
sur la fiole de verre un grand coup de marteau.

12

La fiole s'est brisée : du sang en a jailli. La
belle Khava pousse un cri et meurt. C'était bien
dommage qu'une si grande beauté fût ainsi victime d'un démon (3).

NOTES

(1) Eve.
(2) Les femmes attachent des sequins à leurs
cheveux, qu'elles portent en nattes tombant sur
les épaules. Cette mode est surtout adoptée dans
les cantons limitrophes des provinces turques.
(3) Je trouve dans le *Monde enchanté* du fameux
docteur Balthasar Bekker, une histoire qui a beaucoup de rapport avec celle-ci :
« Environ l'an 1597, Dieu permit qu'aux prières
des fidèles il apparût un certain esprit (l'on ne
pouvait dire au commencement s'il était noir ou
blanc) qui a fait apostasier plusieurs personnes. Il
y avait une certaine fille appelée Bietka, qui était

1827 : l. 23 apparut.

142

recherchée par un jeune homme appelé Zacharie. Ils étaient l'un et l'autre natifs de Wieclam, et y avaient été élevés. Ce jeune homme donc, nonobstant qu'il fût ecclésiastique et qu'il aspirât à la prêtrise, ne laissa pas de s'engager et de donner une promesse de mariage ; mais, son père l'ayant détourné de ce dessein par la considération du rang qu'il tenait dans l'Eglise, et voyant ainsi qu'il ne pouvait venir à bout de son entreprise, il s'abandonna à la mélancolie, de telle sorte qu'il attenta à sa propre vie, et s'étrangla. Peu de temps après sa mort, il apparut un esprit à cette jeune fille qui feignit d'être l'âme de ce Zacharie qui s'était pendu, et qui lui dit qu'il était envoyé de Dieu pour montrer le déplaisir qu'il avait de son crime, et que, comme elle avait été la principale cause de sa mort, il était venu pour s'unir à elle et pour accomplir sa promesse. Ce bel esprit sut si bien cajoler cette pauvre créature en lui promettant de l'enrichir, qu'il lui persuada qu'il était l'esprit de son amant défunt, tellement qu'elle se fiança avec lui. Le bruit de ce nouveau mariage de Bietka avec l'esprit de Zacharie se répandant tous les jours de plus en plus dans toute la Pologne, tous les curieux y accoururent de toutes parts.

« Plusieurs des nobles qui ajoutaient foi aux paroles de cet esprit firent connaissance avec lui, et il y en eut même qui le menèrent chez eux. Par ce moyen Bietka amassa beaucoup d'argent, d'autant plus que l'esprit ne voulait rendre aucune réponse, ni parler à personne, ni prédire la moindre chose, que par son consentement. Il demeura un an entier dans la maison du sieur Trepka, intendant de Cracovie ; de là, allant de maison en maison, il vint à la fin demeurer chez une certaine dame veuve appelée Wlodkow, où,

1827 : l. 37 certaine Dame.

pendant deux ans qu'ils y séjournèrent, l'esprit mit en œuvre toute son adresse et pratiqua tous les tours qu'il savait faire.

« Voici les principaux. Il donnait assurance des choses passées et présentes. Il élevait adroitement la religion romaine, et enfin il déclamait contre les évangéliques, et assurait qu'ils étaient tous damnés. Il ne voulait pas même qu'aucun d'eux approchât de lui ; car il estimait qu'ils étaient indignes de converser avec lui ; mais il le permettait à ceux dont il était assuré qu'ils ne se souciaient pas tant de la religion que de la nouveauté, et par ce moyen, il en attrapa plusieurs qu'il fit rentrer dans le papisme. Jusqu'ici personne n'avait su que cet esprit était le diable, et on ne l'aurait pas encore appris, si, dans l'année du jubilé 1600, certains Polonais, étant allés en Italie, n'eussent répandu le bruit de l'esprit de Zacharie parmi le peuple. Ce qu'un certain Italien, qui exerçait l'art magique, ayant appris, comme il y avait cinq ans que cet esprit qu'il tenait enfermé lui était échappé, il s'en alla en Pologne trouver cette dame Wlodkow, et demanda, au grand étonnement de tous les assistants, que ce diable qui lui avait déserté lui fût rendu ; ce que la dame lui ayant accordé, il renferma de nouveau cet esprit malin dans une bague et le reporta en Italie ; lequel diable, au dire de cet Italien, aurait causé de grands malheurs en Pologne s'il l'y eût laissé. »

1827 : l. 14 Jusques ici. — l. 16 *éd. postér.* dans le mois de juillet 1600.

CARA-ALI, LE VAMPIRE

1

CARA-ALI a passé la rivière jaune (1) ; il est monté vers Basile Kaïmis et a logé dans sa maison.

2

Basile Kaïmis avait une belle femme, nommée Juméli ; elle a regardé Cara-Ali, et elle est devenue amoureuse de lui.

3

Cara-Ali est couvert de riches fourrures ; il a des armes dorées, et Basile est pauvre.

4

Juméli a été séduite par toutes ces richesses ; car quelle est la femme qui résiste à beaucoup d'or ?

5

Cara-Ali, ayant joui de cette épouse infidèle, a voulu l'emmener dans son pays, chez les mécréants.

6

Et Juméli dit qu'elle le suivrait ; méchante femme, qui préférait le harem d'un infidèle au lit conjugal !

7

Cara-Ali l'a prise par sa fine taille et l'a mise devant lui sur son beau cheval blanc comme la neige de novembre.

8

Où es-tu, Basile ? Cara-Ali, que tu as reçu dans ta maison, enlève ta femme Juméli que tu aimes tant !

9

Il a couru au bord de la rivière jaune, et il a vu les deux perfides, qui la traversaient sur un cheval blanc.

10

Il a pris son beau fusil orné d'ivoire et de houppes rouges (2) ; il a tiré, et soudain voilà que Cara-Ali a chancelé sur sa monture.

11

« Juméli ! Juméli ! ton amour me coûte cher. Ce chien de mécréant m'a tué, et il va te tuer aussi.

1827 : l. 7 la première neige.
1827 : l. 18. son long fusil.
Bibl. rom. 312/314.   9

146

12

« Maintenant, pour qu'il te laisse la vie, je
« m'en vais te donner un talisman précieux, avec
« lequel tu achéteras ta grâce.

13

« Prends cet Alcoran dans cette giberne de cuir
« rouge doré (3) : celui qui l'interroge est tou-
« jours riche et aimé des femmes.

14

« Que celui qui le porte ouvre le livre à la
« soixante-sixième page ; il commandera à tous
« les esprits de la terre et de l'eau.

15

Alors il tombe dans la rivière jaune, et son
corps flottait, laissant un nuage rouge au milieu
de l'eau.

16

Basile Kaïmis accourt ; et, saisissant la bride
du cheval, il avait le bras levé pour tuer sa
femme.

17

« Accorde-moi la vie, Basile, et je te donnerai
« un talisman précieux : celui qui le porte est
« toujours riche et aimé des femmes.

18

« Que celui qui le porte ouvre le livre à la
« soixante-sixième (4) page ; il commandera à
« tous les esprits de la terre et de l'eau. »

19

Basile a pardonné à son infidèle épouse; il a
pris le livre que tout chrétien devrait jeter au
feu avec horreur.

20

La nuit est venue ; un grand vent s'est élevé,
et la rivière jaune a débordé ; le cadavre de Cara-
Ali fut jeté sur le rivage.

21

Basile a ouvert le livre impie à la soixante-
sixième page ; soudain la terre a tremblé et s'est
ouverte avec un bruit affreux.

22

Un spectre sanglant a percé la terre ; c'était
Cara-Ali, « Basile, tu es à moi maintenant que
« tu as renoncé à Dieu ».

23

Il saisit le malheureux, le mord à la veine du
cou, et ne le quitte qu'après avoir tari ses veines.

21

Celui qui a fait cette histoire est Nicolas Cossiewitch, qui l'avait apprise de la grand'mère de Juméli.

———

NOTES

(1) Probablement la Zarmagna, qui est très-jaune en automne.

(2) Cet ornement se trouve fréquemment aux fusils des Illyriens et des Turcs.

(3) Presque tous les musulmans portent un Alcoran dans une petite giberne en cuir rouge.

(4) Le nombre soixante-six passe pour être très-puissant dans les conjurations.

———

LES PROBRATIMI (1)

JEAN LUBOVICH était né à Traù et il vint une fois à la montagne de Vorgoraz, et il fut reçu dans la maison de Cyrille Zborr, qui le régala pendant huit jours.

2

Et Cyrille Zborr vint à Traù, et il logea dans la maison de Jean Lubovich, et pendant huit jours ils burent du vin et de l'eau-de-vie dans la même coupe.

3

Quand Cyrille Zborr voulut s'en retourner dans son pays, Jean Lubovich le retint par la manche et lui dit : « Allons devant le prêtre et soyons « *probratimi.* »

4

Ils allèrent devant un prêtre, qui lut les saintes prières. Ils communièrent ensemble, et jurèrent d'être frères jusqu'à la mort de l'un ou de l'autre.

5

Un jour Jean était assis, les jambes croisées, (2) devant sa maison à fumer sa pipe, quand un jeune homme, les pieds tout poudreux, parut devant lui et le salua.

6

« Jean Lubovich, ton frère Cyrille Zborr m'en-
« voie. Il y a près de la montagne un chien qui
« lui veut du mal, et il te prie de l'aider à vaincre
« ce mécréant ».

7

Jean Lubovich a pris son fusil dans sa maison ; il a mis un quartier d'agneau dans son sac,
et, ayant poussé sa porte (3), il s'en vint dans la
montagne de Vorgoraz.

8

Et les balles que lançaient les pobratimi allaient
toujours frapper le cœur des ennemis ; et nul
homme, si fort, si leste qu'il fût, n'eût osé leur
tenir tête.

9

Aussi, ils ont pris des chèvres et des chevreaux,
des armes précieuses, de riches étoffes et de l'argent monnayé, et ils ont pris aussi une belle femme
turque.

10

Des chèvres et des chevreaux, des armes et des
étoffes, Jean Lubovich a pris une moitié, et

1827 : Str. 6 votre frère.
1827 : Str. 6 vous prie.

Cyrille Zborr l'autre moitié ; mais la femme, ils ne pouvaient la diviser.

11

Et tous deux voulaient l'emmener dans leur pays, et ils aimaient tous deux cette femme : de sorte qu'ils se querellèrent pour la première fois de leur vie.

12

Mais Jean Lubovich dit : « Nous avons bu de « l'eau-de-vie et nous ne savons ce que nous fai- « sons ; demain matin nous parlerons de cette « affaire avec tranquillité... » Alors ils se sont couchés sur la même natte, et ils ont dormi jus- qu'au matin.

13

Cyrille Zborr fut le premier qui s'éveilla, et il poussa Jean Lubovich pour qu'il se levât. « Maintenant que tu es sobre, veux-tu me donner « cette femme ? » Mais Jean Labovich n'a pas répondu, et il s'est assis, et des larmes coulaient de ses yeux noirs.

14

Alors Cyrille s'est assis de son côté, et il regardait tantôt l'esclave turque et tantôt son ami, et il regardait quelquefois le hanzar qui était à sa ceinture.

15

Or les jeunes gens qui étaient venus à la guerre avec eux disaient : « Qu'arrivera-t-il ? deux po- « bratimi rompront-ils l'amitié qu'ils se sont « jurée à l'église ? »

16

Quand ils furent restés assis pendant long- temps, ils se levèrent à la fois, et Jean Lubovich a pris la main droite de l'esclave, et Cyrille Zborr sa main gauche.

17

Et des larmes coulaient de leurs yeux, grosses comme des gouttes de pluie d'orage. Soudain ils ont tiré leurs hanzars, et en même temps ils les ont plongés dans le sein de l'esclave.

18

« Périsse l'infidèle plutôt que notre amitié ! » Alors ils se sont serré la main, et jamais ils ne cessèrent de s'aimer.

Cette belle chanson a été faite par Etienne Chipila, le jeune joueur de guzla.

NOTES

(1) On a vu dans les notes de la *Flamme de Perrussich* l'explication de ce mot.

(2) C'est la manière la plus générale de s'asseoir.

(3) Ce peu de mots explique assez bien les préparatifs de guerre d'un Morlaque.

1827 : ajoute la note 4 : « Je suppose que cette chanson, dont on a donné un extrait dans une revue anglaise, a fourni à l'auteur du théâtre de Clara Gazul l'idée de *l'amour africain*.

HADAGNY (1)

PREMIERE PARTIE

1

Serral est en guerre contre Ostrowicz : les épées ont été tirés, six fois la terre a bu le sang des braves. Mainte veuve a déjà séché ses larmes ; plus d'une mère pleure encore.

2

Sur la montagne, dans la plaine, Serral a lutté contre Ostrowicz, ainsi que deux cerfs animés par le rut. Les deux tribus ont versé le sang de leur cœur, et leur haine n'est point apaisée.

3

Un vieux chef renommé de Serral appelle sa fille : « Hélène, monte vers Ostrowicz, entre « dans le village et observe ce que font nos enne- « mis. Je veux terminer la guerre, qui dure depuis « six lunes. »

4

Hélène a mis son bonnet garni de tresses d'ar- gent et son beau manteau rouge brodé (2). Elle a chaussé de forts souliers de buffle (3), et elle est partie pour la montagne au moment où le soleil se couchait.

5

Les beys d'Ostrowicz sont assis autour d'un feu. Les uns polissent leurs armes, d'autres font des cartouches. Sur une botte de paille est un joueur de guzla qui charme leur veille.

6

Hadagny, le plus jeune d'entre eux, tourne les yeux vers la plaine. Il voit monter quelqu'un qui vient observer leur camp. Soudain il se lève et saisit un long fusil garni d'argent.

7

« Compagnons, voyez-vous cet ennemi qui se « glisse dans l'ombre ? Si la lumière de ce feu « ne se réfléchissait pas sur son bonnet (4), nous « serions surpris ; mais, si mon fusil ne rate, il « périra. »

8

Quand il eût baissé son long fusil, il lâcha la détente, et les échos répétèrent le bruit du coup. Voilà qu'un bruit plus aigu se fait entendre. Bietko, son vieux père, s'est écrié : « C'est la voix d'une femme ! »

9

« Oh ! malheur ! malheur ! honte à notre « tribu ! C'est une femme qu'il a tuée au lieu d'un « homme armé d'un fusil et d'un yatagan ! » Alors ils ont pris chacun un brandon allumé pour mieux voir.

10

Ils ont vu le corps inanimé de la belle Hélène, et le rouge a coloré leurs visages. Hadagny s'est écrié : « Honte à moi, j'ai tué une femme ! Mal- « heur à moi, j'ai tué celle que j'aimais ! »

11

Bietko lui a lancé un regard sinistre : « Fuis « ce pays, Hadagny, tu as déshonoré la tribu. Que « dira Serral, quand il saura que nous tuons des « femmes comme les voleurs heyduques (5) ? »

12

Hadagny poussa un soupir ; il regarda une der- nière fois la maison de son père ; puis il mit son long fusil sur son épaule, et il descendit de la montagne pour aller vivre dans des pays éloignés.

13

Cette chanson a été faite par Jean Wieski, le plus habile des joueurs de guzla. Que ceux qui voudront savoir quelle fut la fin des aventures d'Hadagny, payent le joueur de guzla de son grand travail.

––––––––––––

1827 : l. 20 paient.

DEUXIEME PARTIE (6)

1

JE gardais mes chèvres appuyé sur mon long fusil (7). Mon chien était couché à l'ombre, et les cigales chantaient gaiment sous chaque brin d'herbe ; car la chaleur était grande.

2

Du défilé, je vis sortir un beau jeune homme. Ses vêtements étaient déchirés, mais on voyait encore briller les broderies sous ses haillons. Il portait un long fusil garni d'argent, et à sa ceinture un yatagan.

3

Quand il fut près de moi, il me salua et me dit : « Frère, ce pays n'est-il pas celui d'Os-« trowicz ? » Alors, je ne pus retenir mes larmes, et je poussai un profond soupir : « Oui, lui ré-« pondis-je. »

4

Alors il dit : « Ostrowicz était riche autre-« fois, ses troupeaux couvraient la montagne, ses « guerriers faisaient briller quatre cents fusils au « soleil. Mais aujourd'hui je ne vois que toi et « quelques chèvres galeuses. »

1827 : l. 5 gaiement ; l. 23 soleil : mais.

5

Alors je dis : « Ostrowicz était puissant ; mais
« une grande honte est tombée sur lui et lui a
« porté malheur. Serral l'a vaincu à la guerre de-
« puis que le jeune Hadagny a tué la belle Hé-
« lène. »

6

— « Raconte-moi, frère, comment cela est ar-
« rivé. » — « Serral est venu comme un torrent ;
« il a tué nos guerriers, dévasté nos moissons et
« vendu nos enfants aux infidèles. Notre gloire est
« passée ! »

7

— « Et le vieux Bietko, ne peux-tu me dire
« quel fut son sort ? » — « Quand il a vu la ruine
« de sa tribu, il est monté sur cette roche, et il
« appelait son fils Hadagny, parti pour des pays
« lointains. »

8

« Un bey de Serral, puissent tous les saints le
« maudire ! lui tira un coup de fusil, et de son
« yatagan il lui coupa la gorge ; puis il le poussa
« du pied, et il le fit rouler dans le précipice. »

9

Alors l'étranger tomba la face contre terre ; et,
tel qu'un chamois blessé, il roula dans le précipice où son père était tombé ; car c'était Hadagny,
le fils de Bietko, qui avait causé nos malheurs.

1827 : l. 11 nos enfants aux Heyduques.
1827 : l. 17 Hadagny, qui était parti pour...

159

NOTES

(1) Cette chanson est, dit-on, populaire dans le Monténègre ; c'est à Narenta que je l'ai entendue pour la première fois.

(2) Dans le Monténègre les femmes servent toujours d'espions. Elles sont cependant respectées par ceux dont elles viennent observer les forces et qui ont connaissance de leur mission. Faire la moindre insulte à une femme d'une tribu ennemie, serait se déshonorer à jamais.

(3) En illyrique, *opanke* : c'est une semelle de cuir cru attachée à la jambe par des bandelettes ; le pied est recouvert d'une espèce de tricot bigarré. C'est la chaussure des femmes et des filles. Quelque riches qu'elles soient, elles portent les *opanke* jusqu'à leur mariage ; alors, si elles veulent, elles peuvent prendre les *pachmacks* ou chaussons en maroquin des femmes turques.

(4) Les bonnets sont garnis de médailles et de galons brillants.

(5) Le nom d'heiduque est presque une injure pour les habitants des villages riches.

(6) On croit que cette seconde partie n'est pas du même auteur que la première.

(7) Les hommes ne sortent jamais sans être armés.

1827 : l. 10. ajoute : (Voir les lettres sur la Grèce du colonel Voutier.)

1827 : l. 17. *pachmaks.*

1827 : l. 21 de Heyduque.

LES MONTÉNÉGRINS (1)

1

NAPOLÉON a dit : « Quels sont ces hommes qui
« osent me résister ? Je veux qu'ils viennent jeter
« à mes pieds leurs fusils et leurs yatagans ornés
« de nielles (2). » Soudain, il a envoyé à la montagne vingt mille soldats.

2

Il y a des dragons, des fantassins, des canons et
des mortiers. « Venez à la montagne, vous y ver-
« rez cinq cents braves Monténégrins. Pour leurs
« canons, il y a des précipices ; pour leurs dra-
« gons, des rochers, et pour leurs fantassins, cinq
« cents bons fusils. »

3

.   .   .   .   (3)

4

Ils sont partis : leurs armes luisaient au soleil ;
ils sont montés en ordre pour brûler nos villages ;
ils sont montés pour emmener dans leur pays nos
femmes et nos enfants (4). Quand ils sont arrivés
au rocher gris, ils ont levé les yeux, et ils ont
vu nos bonnets rouges.

1827 : l. 19 pour enlever dans leur pays.

5

Alors a dit leur capitaine : « Que chaque « homme ajuste son fusil, que chaque homme tue « un Monténégrin. » Aussitôt ils ont tiré, et ils ont abattu nos bonnets rouges qui étaient plantés sur des piquets (5). Mais nous, qui étions à plat ventre derrière eux, nous leur envoyâmes une vive fusillade.

6

« Ecoutez l'écho de nos fusils, » a dit le capitaine. Mais, avant qu'il se fût retourné, il est tombé mort et vingt-cinq hommes avec lui. Les autres ont pris la fuite, et jamais de leur vie ils n'osèrent regarder un bonnet rouge.

Celui qui a fait cette chanson était avec ses frères au rocher gris ; il se nomme Guntzar Wossieratch.

NOTES

(1) Il n'est pas de petit peuple qui ne s'imagine que les regards de l'univers sont fixés sur lui. Du reste, je crois que Napoléon ne s'est jamais occupé des Monténégrins.

(2) Ce sont des ornements ciselés sur la poignée des armes précieuses, surtout sur les yatagans. On remplit les creux d'une composition d'un beau noir bleuâtre, et dont le secret est, dit-on, perdu dans le Levant.

(3) Ici manque une stance.

(4) L'habitude de faire la guerre avec les Turcs faisait penser aux Monténégrins que toutes les nations exerçaient les mêmes atrocités dans leurs expéditions militaires.

(5) Cette ruse fut fréquemment employée avec succès.

LE CHEVAL DE THOMAS II

Pourquoi pleures-tu, mon beau cheval blanc ? pourquoi hennis-tu douloureusement? N'es-tu pas harnaché assez richement à ton gré ? N'as-tu pas des fers d'argent avec des clous d'or ? N'as-tu pas des sonnettes d'argent à ton cou, et ne portes-tu pas le roi de la fertile Bosnie ? — Je pleure, mon maître, parce que l'infidèle m'ôtera mes fers d'argent, et mes clous d'or et mes sonnettes d'argent. Et je hennis, mon maître, parce qu'avec la peau du roi de Bosnie le mécréant doit me faire une selle.

1827 : l. 7 le Roi ; l. 11 du Roi.

LE FUSIL ENCHANTÉ

Oh ! qui verrait le fusil du grand bey Sawa, verrait une merveille. Il a douze capucines l'or et douze capucines d'argent, et la crosse est incrustée de nacre, et de la poignée pendent trois houppes de soie rouge.

D'autres fusils ont des capucines d'or et des houppes de soie rouge ; à Banialouka, les armuriers savent incruster la nacre ; mais où est l'ouvrier qui saurait chanter le charme qui rend mortelles toutes les balles du fusil de Sawa ?

Et il a combattu le Delhi avec sa cotte de mailles à triples chaînons, et il a combattu l'Arnaute avec sa casaque de feutre garnie de sept doubles de soie. La cotte de mailles a été rompue comme une toile d'araignée, la casaque a été percée comme une feuille de platane.

Dawoûd, le plus beau des Bosniaques, attache sur son dos le plus riche des fusils ; il emplit sa ceinture de sequins ; de ses douze guzlas il prend la plus sonore. Il partit de Banialouka le vendredi, il arriva le dimanche au pays du bey Sawa.

Il s'est assis, il a préludé sur sa guzla, et toutes les filles l'ont entouré. Il a chanté des chansons plaintives, et toutes ont soupiré ; il a chanté des chansons d'amour, et Nastasie, la fille du bey, lui a jeté son bouquet, et, toute rouge de honte, elle s'est enfuie dans sa maison.

Et la nuit elle ouvrit sa fenêtre et vit en bas Dawoûd, assis sur un banc de pierre à la porte

de sa maison ; et, comme elle se penchait pour
le regarder, son bonnet rouge est ˊtombé de sa
tête, et Dawoûd l'a ramassé ; puis rempli de sequins, il l'a rendu à la belle Nastasie.

— « Vois ce gros nuage qui descend de la montagne chargé de grêle et de pluie ; me laisseras-tu,
exposé à l'orage, expirer à tes yeux ? » — Elle, dé-
tachant sa ceinture de soie, l'a liée par un bout
à son balcon ; aussitôt le beau Dawoûd fut auprès d'elle.

— « Parle bas, tout bas ! Si mon père t'entendait,
il nous tuerait tous deux. » Et ils ne se par-
lèrent plus. Le beau Dawoûd descendit du balcon plus vite que n'aurait voulu Nastasie ; l'aurore paraissait, et il courut se cacher dans la montagne.

Et toutes les nuits il revenait au village, et
toutes les nuits la ceinture de soie pendait attachée
au balcon. Jusqu'au chant du coq il allait se cacher dans la montagne. La cinquième nuit il était
venu pâle et sanglant.

— « Des heiduques m'ont attaqué, ils m'attendent au défilé de la montagne ; quand le jour viendra, quand il faudra te quitter, ils me tueront.
Je t'embrasse pour la dernière fois. Mais si j'avais
le fusil magique de ton père, qui oserait m'at-
tendre ? qui pourrait me résister ? »

— « Le fusil de mon père ! comment pour-
rais-je te le donner ? Le jour, il est attaché sur
son dos ; la nuit il le tient sur son lit. Le matin,
s'il ne le trouvait plus, il me couperait la tête
assurément. » Et elle pleurait, et elle regardait
le ciel du côté de l'orient.

— « Apporte-moi le fusil de ton père et mets le
mien à sa place ; il ne s'apercevra pas de

l'échange. Mon fusil a douze capucines d'or et douze capucines d'argent ; la crosse est incrustée de nacre, et de la poignée pendent trois houppes de soie rouge. »

Sur la pointe du pied, retenant son haleine, elle est entrée dans la chambre de son père ; elle a pris son fusil et mis celui de Dawoûd à sa place. Le bey a soupiré en dormant, et il s'est écrié : « Jésus ! » Mais il ne s'est pas éveillé, et sa fille a donné le fusil magique au beau Dawoûd.

Et Dawoûd examinait le fusil depuis la crosse jusqu'au guidon, et il regardait tour à tour la détente, la pierre et le rouet. Il embrassa tendrement Nastasie et lui jura de revenir le lendemain.

Il la quitta le vendredi, et il arriva le dimanche à Bamalouka.

Et le bey Sawa maniait le fusil de Dawoûd. « Je deviens vieux, disait-il, mon fusil me semble lourd. Cependant il tuera encore bien des infidèles. » Or, toutes les nuits, la ceinture de Nastasie pendait attaché à son balcon, mais le perfide Dawoûd ne reparaissait pas.

Les chiens circoncis sont entrés dans notre pays, et nul ne peut résister à leur chef Dawoûd Aga. Il porte en croupe un sac de cuir, et des esclaves l'emplissent des oreilles de ceux qu'il tue. — Tous les hommes de Vostina se sont rassemblés autour du vieux bey Sawa.

Et Nastasie monta sur le toit de sa maison pour voir cette cruelle bataille, et elle reconnut Dawoûd comme il piquait son cheval vers son vieux père. Le bey, sûr de vaincre, a tiré le premier ; mais l'amorce seule a pris feu, et le bey tressaillit d'effroi.

Et la balle de Dawoûd a frappé Sawa au travers de sa cuirasse. Elle entra dans sa poitrine et sortit par son dos. Le bey soupira et tomba mort. Aussitôt un noir lui coupa la tête, et la pendit par sa moustache blanche à l'arçon de la selle de Dawoûd.

Quand Nastasie voit la tête de son père, elle ne pleure pas, elle ne soupire pas, mais elle prend l'habit de son jeune frère, le cheval noir de son jeune frère, et, dans la mêlée, elle cherche Dawoûd pour le tuer. Et quand Dawoûd vit ce jeune cavalier, il dirigea contre lui son fusil enchanté.

Et mortelle, mortelle fut la balle qu'il lança. La belle Nastasie soupira et tomba morte. Aussitôt un noir lui coupa la tête ; et, comme elle n'avait pas de moustache, il lui ôta son bonnet et la prit par ses longs cheveux ; et Dawoûd reconnut les longs cheveux de la belle Nastasie.

Et il mit pied à terre et baisa cette tête sanglante. — « Je donnerais un sequin pour chaque goutte du sang de la belle Nastasie ! je donnerais un bras pour la ramener vivante à Banialouka ! » Et il a jeté le fusil magique dans le puits de Vostina.

LE BAN DE CROATIE

Il y avait un ban de Croatie qui était borgne de l'œil droit et sourd de l'oreille gauche. De son œil droit il regardait la misère du peuple, de son oreille gauche il écoutait les plaintes des voyevodes ; et qui avait de grandes richesses était accusé, et qui était accusé mourait. De cette manière il fit décapiter Humanay-Bey et le voyevode Zambolich, et il s'empara de leurs trésors. A la fin, Dieu fut irrité de ses crimes, et il permit à des spectres de tourmenter son sommeil. Et toutes les nuits, au pied de son lit, se tenaient debout Humanay et Zambolich, le regardant de leurs yeux ternes et mornes. A l'heure où les étoiles pâlissent, quand le ciel devient rose à l'orient, alors, ce qui est épouvantable à raconter, les deux spectres s'inclinaient comme pour le saluer par dérision ; et leurs têtes, sans appui, tombaient et roulaient sur les tapis, et alors le ban pouvait dormir. Une nuit, une froide nuit d'hiver, Humanay parla et dit : « Depuis assez longtemps nous te saluons ; pourquoi ne nous rends-tu pas notre salut ? » Alors le ban se leva tout tremblant ; et, comme il s'inclinait pour les saluer, sa tête tomba d'elle-même et roula sur le tapis.

———

L'HEIDUQUE MOURANT

« A moi ! vieux aigle blanc, je suis Gabriel Zapol, qui t'ai souvent repu de la chair des pandours, mes ennemis. Je suis blessé, je vais mourir. Mais, avant de donner à tes aiglons mon cœur, mon grand cœur, je te prie de me rendre un service. Prends dans tes serres ma giberne vide et la porte à mon frère George pour qu'il me venge. Dans ma giberne il y avait douze cartouches, et tu verras douze pandours morts autour de moi. Mais ils sont venus treize, et le treizième, Botzaï, le lâche, m'a frappé dans le dos. Prends aussi dans tes serres ce mouchoir brodé, et le porte à la belle Khava pour qu'elle me pleure. » Et l'aigle porta sa giberne vide à son frère George, et il le trouva qui s'enivrait d'eau-de-vie ; et il porta son mouchoir brodé à la belle Khava, et il la trouva qui se mariait à Botzaï (1).

---

(1) J'ai lu, l'année dernière, à Athènes, une chanson grecque dont la fin a quelque analogie avec celle de cette ballade. Les beaux génies se rencontrent. En voici une traduction.

LA JEUNE FILLE EN ENFER

Quelles sont heureuses, les montagnes ! qu'ils sont bien partagés, les champs — qui ne connaissent pas Charon, qui n'attendent pas Charon ! L'été, des moutons ; l'hiver, des neiges. — Trois braves veulent sortir de l'enfer : l'un dit qu'il sortira au mois de mai, l'autre en été, le troisième en automne, lorsque les raisins sont mûrs. Une fille blonde leur parla ainsi au séjour souterrain : — « Emmenez-moi, mes braves ; menez-moi à l'air, à la lumière. » — « Fillette, tes habits font froufrou, le vent siffle dans tes cheveux. — Tes pantoufles craquent ; Charon serait averti. ¿ — « Eh bien ! mes habits, je les ôte ; mes cheveux, je les coupe ; — mes petites pantoufles, je les laisse au bas de l'escalier — Emmenez-moi, mes braves ; menez-moi dans le monde d'en haut, — que je voie ma mère qui se désole à cause de moi, — que je voie mes frères qui pleurent à cause de moi. » — « Fillette, tes frères, à toi, sont au bal à danser ; — fillette, ta mère, à toi, est dans la rue à babiller. »

Ἡ ΚΟΡΗ ΕΙΣ ΤΟΝ ᾍΔΗΝ

Καλα τό'χουνε τά βουνά, καλάμοιρ 'εἶν οἱ κάμποι
Ποῦ Χάρον δὲν παντέχουνε, Χάρον δὲν καρτεροῦνε
Τὸ καλοκαίρι πρόβατα, καὶ τὸν χειμόνα χιόνια.
Τρεῖς ἀνδρειομένοι βούλονται τὸν ᾍδην νά τζακίσουν.

Ὁ 'νὰς λέγει τὸν Μάη νὰ βγῆ κι 'ἄλλος τὸ καλο-
             καίρι,

Κι ὁ τρίτος τὸ χυνόπωρον ὅπου 'ναι τὰ στραφύλια.

Κόρη ξανθὴ τοὺς 'μίλησε ἀπὸ τὸν κάτω κόσμον·

— Πράρτε μ' ἀνδρειωμένοι μου κ' ἐμὲ 'ς ἀγερακόσμον!

— Κόρη, βροντοῦν τὰ ροῦχασου, φυσοῦν, καὶ τὰ μαλ-
             λία σου,

Κτυπάει τὸ καλίγισου καὶ μᾶς νογάει ὁ Χάρος.

— 'Εγῶ τὰ χοῦχα βγάνωτα καὶ τὰ μαλλία τὰ κόβω,

Καὶ τὰ καλιγοπάπουτζια 'ς τὴν σκάλαν τ' ἀπιθώνω.

Πάρτε μ' ἀνδρειωμένοι μου κ' ἐμε 'ς τὸν 'πάνω κόσμον,

Νὰ πάω νὰ ἰδῶ τὴν μέννανμου, πῶς γλιβεται γι
                'ἐμένα

Νὰ πάω νὰ ἰδῶ τ' ἀδέρφια μοῦ, πῶς κλαίουνε γι
                'ἐμένα

— Κόρη 'σένα τ' 'ἐθέρφιασου εἰς τὸν χορὸν χορεύουν.

Κόρη 'σένα ἡ μάννασου 'ς τὴν ροῦγαν κουφεντιάζει.

TRISTE BALLADE

DE LA NOBLE ÉPOUSE D'ASAN-AGA (1)

Qu'y a-t-il de blanc sur ces collines verdoyantes?
Sont-ce des neiges ? Sont-ce des cygnes ? Des
neiges ? elles seraient fondues. Des cygnes ? ils
se seraient envolés. Ce ne sont point des neiges,
ce ne sont point des cygnes : ce sont les tentes
de l'Aga Asan-Aga. Il se lamente de ses blessures
cruelles. Pour le soigner, sont venues et sa mère
et sa sœur ; sa femme chérie, retenue par la timidité, n'est point auprès de lui (2).

Quand la douleur s'est apaisée, il fait dire à sa
fidèle épouse: « Ne me regarde pas dans ma maison
blanche, ni dans ma maison, ni devant mes parents.» La dame, en entendant ces paroles, se renferme dans son appartement toute triste et accablée.
Voilà que des pas de chevaux retentissent près de sa
maison, et la pauvre femme d'Asan-Aga, croyant que
son mari s'approche, court à son balcon pour
se précipiter. Mais ses deux filles ont suivi ses
pas : « Arrête, mère chérie ! ce n'est point notre
père Asan-Aga, c'est notre oncle Pintorovich-Bey. »

L'infortunée s'arrête ; elle serre dans ses bras
son frère chéri. « Ah ! mon frère, grande honte !
Il me répudie, moi qui lui ai donné cinq enfants ! »

Le bey garde un morne silence ; il tire d'une

_____

1. 4 1847 des signes (sic!).
1. 10, chérie *manque dans l'éd.* 1827.
1827 : 1. 17. ont retenti.
1827 : 1. 21. notre mère chérie.

bourse de soie rouge un écrit qui lui rend sa liberté (3). Maintenant elle pourra reprendre la couronne de mariée, aussitôt qu'elle aura revu la demeure de sa mère.

La dame a lu cet écrit ; elle baise le front de ses deux fils et la bouche vermeille de ses deux filles ; mais elle ne peut se séparer de son dernier enfant, encore au berceau. Son frère, sans pitié, l'arrache avec peine à son enfant, et, la plaçant sur son cheval, il rentre avec elle dans sa maison blanche. Elle resta peu de temps dans la maison de ses pères. Belle, de haut lignage, elle fut recherchée bientôt par les nobles seigneurs du pays. Entre tous se distinguait le cadi d'Imoski.

La dame implore son frère : « Ah ! mon frère, « puissé-je ne te pas survivre ! Ne me donne à « personne, je t'en conjure (4) ; mon cœur se bri- « serait en voyant mes enfants orphelins. » Ali-Bey ne l'écoute point ; il la destine au cadi d'Imoski.

Elle lui fait encore une dernière prière : qu'il envoie au moins une blanche lettre au cadi d'Imoski, et qu'il lui dise: « La jeune dame te « salue et par cette lettre elle te fait cette prière : « Quand tu viendras avec les nobles svati, apporte « à ta fiancée un long voile qui la couvre tout « entière, afin qu'en passant devant la maison de « l'aga, elle ne voie pas ses orphelins. »

Quand le cadi eut lu cette blanche lettre, il rassembla les nobles svati. Les svati allèrent chercher la mariée, et de sa maison ils partirent avec elle tout remplis d'allégresse.

Ils passèrent devant la maison de l'aga ; ses

1827: l. 32 tous remplis.

deux filles du haut du balcon ont reconnu leur
mère ; ses deux fils sortent à sa rencontre, et
appellent ainsi leur mère : « Arrête, mère chérie !
« viens goûter avec nous ! » La malheureuse mère
crie au stari-svat : « Au nom du ciel ! mon frère
« stari-svat, fais arrêter les chevaux près de cette
« maison ; que je puisse donner quelque chose à
« mes orphelins. » Les chevaux s'arrêtèrent près de
la maison, et elle donna des cadeaux à ses enfants. A ses deux fils elle donne des souliers bro-
dés d'or ; à ses deux filles des robes bigarrées,
et au petit enfant, qui était encore au berceau,
elle envoie une chemisette.

Asan-Aga a tout vu retiré à l'écart : il appelle
ses deux fils : « Venez à moi, mes orphelins ;
« laissez-là cette mère sans cœur qui vous a aban-
donnés ! »

La pauvre mère pâlit, sa tête frappa la terre,
et elle cessa de vivre aussitôt, de douleur de voir
ses enfants orphelins.

NOTES

(1) On sait que le célèbre abbé Fortis a traduit
en vers italiens cette belle ballade. Venant après
lui, je n'ai pas la prétention d'avoir fait aussi
bien ; mais seulement, j'ai fait autrement. Ma
traduction est littérale, et c'est là son seul mérite.

La scène est en Bosnie, et les personnages sont

1827 : 1. 3 Arrête, notre mère chérie !
1827 : 1. 7 maison, que ; 1. 13 envoie une petite
tunique.

musulmans, comme le prouvent les mots d'aga, de cadi, etc.

(2) Il nous est difficile de comprendre comment la timidité empêche une bonne épouse de soigner un mari malade. La femme d'Asan-Aga est musulmane, et, suivant ses idées de décence, elle ne doit jamais se présenter devant son mari sans être appelée. Il paraît, cependant, que cette pudeur est outrée, car Asan-Aga s'en irrite. Les deux vers illyriques sont remarquablement concis, et par cela même un peu obscurs :

> *Oblaziga mater i sestriza ;*
> *A gliubouza od stida ne mogla.*
> Vinrent la mère et la sœur,
> Mais la bien-aimée par honte ne put.

(3) *Knigu oprochienja.* Mot à Mot, un papier de liberté ; c'est l'acte de divorce.

(4) Pintorovich-Bey, comme chef de famille, dispose de sa sœur, comme il pourrait le faire d'un cheval ou d'un meuble.

Cette ballade, si remarquable par la délicatesse des sentiments, est véritablement *traduite*. L'abbé Fortis en a publié l'original, accompagné d'une traduction, ou plutôt d'une imitation en vers italiens. Je crois ma version littérale et exacte, ayant été faite sous les yeux d'un Russe, qui m'en a donné le mot à mot.

M. Ch. Nodier a publié également une traduction de cette ballade, à la suite de son charmant poëme de Smarra.

1827 : l. 8. cette décence est outrée... est irrité.
1827 : l. 14 *la traduction des vers illyriques manque dans l'édition* 1827.
1827 : l. 13 *glivbouza.*
1827 : l. 21-30 *manquent dans l'édition* 1827.

MILOSCH KOBILICH

Je dois le poëme suivant à l'obligeance de feu M. le comte de Sorgo, qui avait trouvé l'original serbe dans un manuscrit de la bibliothèque de l'Arsenal à Paris. Il croyait ce poëme écrit par un contemporain de Milosch.

La querelle des filles de Lazare, le duel de ses deux gendres, la trahison de Vuk Brancovich et le dévouement de Milosch y sont racontés avec des détails entièrement conformes à l'histoire.

Le récit commence vers 1389, lorsque Lazare Grebillanovich, roi de Servie, se disposait à repousser une formidable invasion d'Amurat Ier.

Qu'elles sont belles les roses rouges dans le blanc palais de Lazare ! Nul ne sait quelle est la plus belle, quelle est la plus grande, quelle est la plus rouge.

Ce ne sont point des roses rouges ; ce sont les fillettes de Lazare, le seigneur de la Servie aux vastes plaines, le héros, le prince d'antique race.

Lazare marie ses fillettes à des seigneurs : Vukassava à Milosch Kobilich (1), Marie à Vuk Brancovich, Militza au tzar Bajazet (2).

Il maria au loin Jeline au noble seigneur George Czernoevich, au jeune voyevode de la Zenta (3).

Il se passa peu de temps, et les trois sœurs ont visité leur mère ; la sultane Militza ne vient point, car le tzar Bajazet le défend.

Les jeunes sœurs se saluent doucement ; las !

bientôt elles se querellèrent, vantant chacuue son époux dans le blanc palais de Lazare.

La femme de George Czernoevich, la dame Jeline a dit : — « Aucune mère n'a enfanté un noble, « ur brave, un chevalier, comme a fait la mère « de George Czernoevich. »

La femme de Brancovich a dit : — « Aucune « mère n'a enfanté un noble, un brave, un cheva- « lier comme a fait la mère de Vuk Brancovich. »

Elle riait l'épousc de Milosch, elle riait Vukas- sava, et elle s'écria : — « Trève à vos vanteries, mes pauvres petites sœurs !

« Ne me parlez pas de Vuk Brancovich ; ce n'est point un cavalier de renom. Ne me parlez pas de George Czernocvich ; il n'cst ni brave, ni fils de brave.

« Parlez de Milosch Kobilich, noble de Novi « Pazar. C'est un brave, fils de brave, enfanté par « une mère de l'Herzegowine (4) ! »

La femme de Brancovich s'en est irritée. De sa main, elle frappe Vukassava au visage. Elle la frappe légèrement, et le sang lui jaillit du nez (5).

La jeune Vukassava saute en pied, et, toute en larmes, rentre dans son blanc palais. Elle appelle en pleurant Milosch, et lui dit avec calme :

— « Si tu savais, mon cher seigneur, ce que dit « la femme de Brancovich ! Que tu n'es pas noble « fils de noble, mais vaurien fils de vaurien. En- « core, elle se vante, la femme de Brancovich, et dit « que tu n'oserais paraître en champ clos en face « de son seigneur Brancovich, car tu n'es pas brave « de la main droite. »

Ces paroles sont amères à Mikosch. Il saute sur ses pieds de brave ; il s'élance sur son cheval de bataille, et appelle Vuk Brancovich.

178

— « Ami Vuk Brancovich, si une mère t'a en-
« fanté, sors, viens avec moi au champ des braves,
« pour que nous voyions qui de nous est le plus
« vaillant. »

Vuk n'a pu se dédire. Il s'élance sur son cheval de bataille et sort sur la plaine unie ; il entre
au champ des joutes (6).

Là il se heurtent de leurs lances de bataille,
mais les lances de bataille volent en éclats. Ils
tirèrent leurs sabres suspendus à leur côté, mais
les sabres se cassèrent aussi.

Alors ils se frappèrent de leurs pesantes
masses, et les plumes (7) des masses s'envolèrent.
Le sort favorisa Milosch : il désarma Vuk Brancovich.

Milosch Kobilich a dit : — « Vante-toi mainte-
« nant, ô Vuk Brancovich ! Va te vanter à ta fidèle
« épouse. Dis-lui que je n'ose jouter avec toi.

« Je puis te tuer, ô Vuk ! je puis habiller de
« noir ton épouse chérie. Mais je ne te tuerai pas,
« car nous sommes amis. Va-t'en avec Dieu, mais
« ne te vante plus. »

Peu de temps s'est passé, et les Turcs viennent
assaillir Lazare. Murat-Soliman est à leur tête.
Ils pillent, ils brûlent villages et villes.

Lazare ne peut endurer leurs ravages ; il rassemble son armée. Il appelle à lui Vuk Brancovich ; il appelle le héros Milosch Kobilich.

Il prépare un festin de princes, car princes sont
les conviés du festin. Quand ils eurent bien bu
du vin, il parla ainsi aux seigneurs assemblés :

— « Ecoutez, mes héros, vous ducs et princes,
« mes braves éprouvés, demain nous attaquerons
« les Turcs. Nous obéirons à Milosch Kobilich.

« Car Milosch est un preux chevalier : Turcs et

« chrétiens le redoutent ; il sera le voyevode (8) de-
« vant l'armée ; et après lui Vuk Brancovich. »

Ces paroles sont amères à Vuk ; car il ne peut
plus voir Milosch. Il appelle Lazare, et lui parle
en secret.

— « Ne sais-tu pas, doux seigneur, que tu as
« réuni en vain tes soldats ? Milosch Kobilich te
« trahit ; il sert le Turc, il a menti à sa foi. »

Lazare se tait ; il ne répond rien ; mais, à la
fin du souper, Lazare boit dans la coupe d'or.
Ses larmes coulent en gouttes pressées, et c'est
ainsi qu'il devise doucement :

— « Ni au tzar ni au césar ! mais à mon
« gendre Kobilich, qui veut me trahir comme Judas
« a trahi son Créateur ! »

Milosch Kobilich jure par le Dieu tout-puissant
qu'il n'y a pas place en son cœur pour la trahison
ou la mauvaise foi. Il saute sur ses pieds de brave
et rentre dans ses blanches tentes. Jusqu'à minuit
il pleure ; après minuit il fait sa prière à Dieu.

Quand l'aurore a blanchi, quand l'étoile du matin a montré son front, il monte son meilleur cheval et galope au camp du sultan.

Milosch prie les gardes du sultan : — « Laissez-
« moi entrer dans la tente du sultan. Je lui livre-
« rai l'armée de Lazare ; je remettrai Lazare vivant
« entre ses mains. »

Les Turcs crurent Kobilich et le menèrent aux
pieds du sultan. Milosch s'agenouille sur la terre
noire ; il baise le pan de la robe du sultan, il
baise ses genoux. Soudain il saisit son hanzar et

Editions postérieures 1. 6: gracieux seigneur,
qu'en vain tu as; l. 17 n'y a place; l. 26 vivant
manque. entre vos mains.

frappe Murat au cœur ; puis, tirant son sabre suspendu à son côté, il hache les pachas et les vizirs (10).

Mais il eut un triste sort, car les Turcs le dispersèrent sur leurs sabres. Ce que fit Vuk Brancovich, ce qu'il fit, qu'il en réponde devant Dieu !

NOTES

(1) On l'appelle aussi Obilich. J'ai suivi la leçon de M. de Sorgo.

(2) Bajazet, deuxième fils de Murat. Il n'était pas encore tzar, c'est-à-dire empereur, car il ne fut proclamé qu'après la bataille de Cossovo.

(3) Le Monténégro.

(4) Milosch était en réalité d'une naissance obscure, et ne devait son élévation qu'à ses exploits.

(5) Suivant quelques auteurs, ce fut Vukassava qui frappa Marie.

(6) Le combat fut autorisé par Lazare.

(7) Il faut entendre par *plumes* les lames de fer disposées comme des rayons à l'extrémité des masses d'armes.

(8) Général en chef.

(9) Probablement en portant des santés on commençait par celle du roi, puis celle de l'empereur d'Allemagne.

(10) Amurat vécut encore assez pour apprendre le succès de la bataille de Cossovo.

Quelques auteurs racontent sa mort différemment. Ils disent qu'après la défaite des Serviens le sultan, parcourant à pied le champ de bataille, remarquait avec surprise l'extrême jeunesse des chrétiens qui jonchaient la plaine de Cossovo. — « Il n'y a que de jeunes fous, » lui dit un de ses vizirs, « qui osent affronter tes armes. » Un Ser-

\ien blessé reconnait le sultan, il se relève d'un effort désespéré, et le blesse mortellement de son poignard. Il fut aussitôt massacré par les janissaires.

On dit, à l'appui de l'autre version qui fait mourir Amurat de la main de Milosch, que c'est depuis cette époque que les ambassadeurs paraissent désarmés en présence des empereurs ottomans. Le général Sébastiani est, je crois, le premier qui ait refusé d'ôter son épée lorsqu'il fut présenté au sultan Sélim.

Vuk Brancovich livra aux Turcs le corps d'armée qu'il commandait. Lazare combattit avec valeur ; mais son cheval gris-pommelé s'étant échappé, fut pris par les ennemis, qui le promenèrent en triomphe de rang en rang. Les Serviens, à cette vue, croyant leur roi mort ou prisonnier, perdirent courage et se débandèrent. Entraîné dans la déroute, Lazare fut pris vivant, et bientôt après égorgé par ordre de Bajazet, comme une victime offerte aux mânes de son père.

On prétend que la main droite de Milosch Kobilich, enchâssée dans de l'argent, fut attachée au tombeau d'Amurat.

FIN DE LA GUZLA

TABLE

184